康震讲

诗圣杜甫

康震 著

中华书局

图书在版编目(CIP)数据

康震讲诗圣杜甫/康震著. —北京:中华书局,2018.1
(2023.12 重印)
ISBN 978-7-101-12720-1

Ⅰ.康… Ⅱ.康… Ⅲ.杜甫(712~770)-人物研究
Ⅳ.K825.6

中国版本图书馆 CIP 数据核字(2017)第 183215 号

书　　名	康震讲诗圣杜甫
著　　者	康　震
责任编辑	孙永娟
责任印制	管　斌
出版发行	中华书局 (北京市丰台区太平桥西里 38 号　100073) http://www.zhbc.com.cn E-mail:zhbc@zhbc.com.cn
印　　刷	三河市宏达印刷有限公司
版　　次	2018 年 1 月第 1 版 2023 年 12 月第 10 次印刷
规　　格	开本/710×1000 毫米　1/16 印张 13　插页 10　字数 160 千字
印　　数	76001-81000 册
国际书号	ISBN 978-7-101-12720-1
定　　价	38.00 元

目录

序

《中国诗词大会》火了！

一时间，人人争说诗词好，诗词魅力不得了。我很荣幸，参与了《诗词大会》的策划与现场点评，切身感受到亿万观众重温中华诗词的巨大热情。这热情，点燃了每个人内心的诗词世界，也点燃了弘扬中华优秀传统文化的燎原之火。

中华诗词是中华文化最优美的篇章，中华诗人是中华民族最深情的歌者。我认为，无论新兴传媒多么发达，要真正深入了解诗人、理解诗词，根本之道还是要下笨功夫读书。只有一行行、一页页地认真读，反复看，才能记得准、记得牢、记得久，才能将那些优美深情的诗词刻在心里、融入血脉、化为基因。

阅读的过程，也是体验的过程，更是与诗人们面对面举杯小酌、谈心交心的过程：李白是一阵清风，只要他愿意，便可飞越重重关山，飞向他想去的任何方向；杜甫是一条长河，蜿蜒曲折，波澜壮阔，承载着不尽的忧思和希望；韩愈是一柄宝剑，利刃出鞘，无所畏惧，锋芒所及，披靡所向；柳宗元是一叶孤舟，在浪涛汹涌中起落沉浮，但从不曾放弃自己的执着与立场；欧阳修是一座大山，山间林泉磊落，万木竞秀，生机勃发，郁郁苍苍；苏洵是一株老树，根深叶茂，繁密成荫，在他的近旁，新松茁壮，材堪栋梁；曾巩是一方青砚，纯正坚实，温润如玉，尺寸虽小，墨韵悠长；王安石是一团烈火，敢于烧毁一切落后陈腐，意志坚定，勇于担当；苏辙是一座火山，表面沉静，内心炽热。为人谦和敦厚，为政刚柔并济，处置有方；李清照宛如一枝腊梅，芳香宜人，端庄淡雅，看似柔弱如花，实则骨气刚强；至于苏轼，很难用一句话来形容，他是“秉性难改的乐天派，是悲天悯人的道德家，是黎民百姓的好朋友，是散文作家，是新派的画家，是伟大的书法家，是酿酒的实验者，是工程师，是假道学的反对者，是瑜珈术的修炼者，是佛教徒，是士大夫，是皇帝的秘书，是饮酒成癖者，是心肠慈悲的法官，是政治上的坚持己见者，是月下的漫步者，是诗人，是生性诙谐爱开玩笑的人”（林语堂《苏东坡传》）。

我常常想，如果我的身边有这样一群诗人、朋友，我会成为一个怎样的人？我会拥有怎样的人生？

古诗云：年年岁岁花相似，岁岁年年人不同。《中国诗词大会》，像传承中国诗词文化的锦绣繁花，年年都在春节这个中国人最幸福、最重要的时刻，在全家人、全村人、全县人、全国人的面前美丽绽放。我相信，每个中国人，都会由衷点赞《诗词大会》。因为我们都是中国诗词的忠实粉丝，不论我们身在何方、身处何时，只要心头浮现那些经典诗句，我们就会露出会心的微笑，即便远隔千山万水，也能从诗词中感受到浓浓的亲情、友情与爱情，也会分享到深深的惬意、美意与诗意。中华诗词，就这样陪伴着我们，成就了每个人的生长、生活与生命。

衷心感谢每一位翻开这本书的读者。这 10 册小书，是我研读诗人、诗词、文章的一点心得，不揣浅陋拿出来与大家分享，希望大家喜欢。书中错谬、不足之处难免，也请多提宝贵意见。感谢您分享我的文字和感受。我们可能并不相识，但从这一刻起，我们开始相遇相识，因为我们拥有共同的理想与朋友：中华诗词。

康震

2017 年 7 月 1 日

第一章 奉儒善施仕宦显

何谓圣人？

在中国古代的儒家哲学中，圣人指的是道德修养最为高尚的人，正如孟子所说："圣人，人伦之至也。"千百年来，孔子被尊为圣人，主要就是从这个意义上来说的。

而在中国的传统文化中，"圣人"还往往用来指那些在某项学问或技艺方面的集大成者，正如《抱朴子·内篇》所说："世人以人所尤长，众所不及者，便谓之圣。"由此，中国历史上便有了"书圣""棋圣""画圣""酒圣""茶圣""药圣"等等的称号。

那么，什么是"诗圣"呢？

顾名思义，"诗圣"指的就是在诗歌创作方面的集大成者。而在中国文学史上，"诗圣"的桂冠最终落在了杜甫的头上。

我们不禁要问了：中国诗坛群星璀璨，特别是在唐代，更是诗人辈出，从初唐时期的"四杰"—王勃、骆宾王、卢照邻、杨炯，到盛唐时期的李白、白居易、王维、孟浩然、高适、岑参、王昌龄，再到晚唐时期的杜牧、李商隐、温庭筠等等，其中有很多人的诗完全可以与杜甫比肩，可是为什么偏偏是杜甫被奉为了"诗圣"？这"诗圣"的名号又是由谁最先封给杜甫的呢？

更为重要的是，是什么样的环境和生活经历塑造了杜甫高尚的人格，促成了他在诗歌创作上的巨大成就，使他最终成为"诗圣"呢？

现在，就让我们捡拾有关杜甫及其生活时代的历史碎片，结合诗歌中所折射的杜甫生活的点点滴滴，来探求一下杜甫的成"圣"之路！

奉儒守官　诗为家事

唐玄宗先天元年（712），杜甫出生在河南巩县城东的瑶湾。他的祖籍在京兆杜陵，也就是现在陕西西安的南郊，故而杜甫在许多诗文中自称“杜陵布衣”。杜甫出生的时代，整个唐朝正处在上升的时期，是一个充满激情和进取的年代。广阔的疆域、繁荣的经济、强盛的国力，使人们都有强烈的自豪感和自信心。奔逐大漠，封侯万里，建功立业，成为当时人们普遍追求的生活目标。在政治清明、经济繁荣的时代背景下，出生于仕宦家庭的杜甫有着得天独厚的进取动力和信心。杜甫家族有做官的传统，先辈们光辉的历史使他坚守着“奉儒守官”的理想，即通过做官入仕的途径把儒学的精神和传统继承下来，并且发扬光大。

那么，他的家族中究竟有哪些人会对他产生刻骨铭心的影响？杜甫后来的那种对国计民生深切关注的情怀与这些人又有什么关系？

杜甫有一个非常显赫的祖先，那就是他的第十三世祖杜预。杜预是西晋王朝的著名政治家，他博学多才，精通经济、法律、天文、算学、工程水利，又以军功、政事、学术闻名当世，可以说是个全才，他对《左传》的注解至今仍是权威的著作。杜预不仅名气很大，而且勤于讲武，注重戍守，开凿水利工程，贯通水路漕运，功勋卓著，当时的人称赞他：“昔之誓旅，怀经罕素。元凯文场，称为武库。”（《晋书·杜预传》）意思是说他博学多通，就像武器库一样，应有尽有。杜预担任镇南大将军的时候，驻扎在襄阳，总督荆州诸地军政事务，后来攻克江陵，控制整个长江上游地区，为后来西晋灭吴奠定了基础，对三国归于统一做了军事上的准备，当时在南方有歌称颂他“后世无叛由杜翁，孰识智名与勇功”。对此，杜甫在诗中赞誉他：“尚书勋业超千古，雄镇荆州继吾祖。”（《惜别行》）谈起这位祖先，杜甫心里充满自豪之感，而“清思汉水上，凉忆岘山巅。……吾家碑不昧，王氏井依然”（《回棹》），则是杜甫在历经颠沛流离，为自己壮志未酬、无所建树的慨憾之作，他心中对远祖勋绩不曾或忘。

虽然相隔四百多年，但在杜甫的眼中，杜预比起那些遥不可及的古代圣人，要具体得多、实际得多，他是自己一生能够切实追求的儒家理想的代表人物。杜甫思想里那种对儒家理想的坚守，对国计民生的关怀，对为官之道的执着，都与其先祖杜预有着一脉相承的关系。

杜甫的先祖之中，除了杜预，祖父杜审言也是名声较为显赫的一位。杜审言是一个大诗人，他对于杜甫的影响主要在诗歌创作方面，所以杜甫常常说“诗是吾家事”。杜审言年轻时候就已经在诗歌创作上崭露头角，与李峤、崔融、苏味道齐名，被称为“文章四友”；晚年，又与沈佺期、宋之问相唱和，是武则天时期最为重要的宫廷诗人之一。他们一起创作了大量平仄协调、又合乎粘附规则并且全篇合律的诗篇，促成了五、七言律诗的成熟，成为唐代“近体诗”的奠基人。明代胡应麟的《诗薮》中说：“初唐无七言律，五言亦未超然。二体之妙，杜审言实为首倡。”充分说明了杜审言对律诗创作的贡献。杜审言的诗格律严谨，清新雄健，他在江阴任职时所写的《和晋陵陆丞早春游望》一诗：“独有宦游人，偏惊物候新。云霞出海曙，梅柳渡江春。淑气催黄鸟，晴光转绿蘋。忽闻歌古调，归思欲沾巾。”真切地描绘了江南早春清新秀美的景色，并将浓厚的思乡之情融入明秀的诗境中，高华雄浑。此诗被胡应麟誉为“初唐五言律第一”（《诗薮》）。杜甫也为有这样的一个祖父而骄傲，自夸“吾祖诗冠古”。而且他在《进雕赋表》中写道：“自先君恕、预以降，奉儒守官，未坠素业矣。亡祖故尚书膳部员外郎先臣审言，修文于中宗之朝，高视于藏书之府，故天下学士到于今而师之。”

杜审言在诗文方面有着很高的才能，而且确实在五言律诗的定型、成熟方面有重大的贡献，但是他恃才傲物，简直到了狂妄的地步。杜审言在武后时代，得到了武则天的赏识，史书记载当他得到武则天的提拔时竟然手舞足蹈，得意忘形。他还曾对人夸口说："吾之文章，合得屈宋作衙官；吾之书迹，合得王羲之北面。"他将赫赫有名的古人不放在眼里，认为屈原、宋玉在他的文章面前只配做衙门的小当差，而自己的书法甚至超过王羲之的成就。在同辈面前，他更是傲慢无比，"文章四友"之一的苏味道与杜审言同负诗名，可是杜审言却非常瞧不起他。杜审言帮助苏味道起草文书，出来后即对他人说："苏味道必死。"听到这话的人大吃一惊，追问原因，他傲慢地说："见吾判，即自当羞死矣！"（《旧唐书·杜审言传》）意思是苏味道看见我起草的文书，一定会羞死的！

更令人咋舌的是，在杜审言临终之时，许多著名文人以及官员来看望他，问候他，他却对人家说："甚为造化小儿相苦，尚何言？然吾在，久压公等，今且死，固大慰，但恨不见替人。"（《新唐书·杜审言传》）意思是说：我被造化小儿害苦了，有什么好说的呢？但是有我在一天，就压迫你们一天不能抬头，现在我死了，你们应该感到很欣慰，可是我只遗憾没有代替我的人。杜审言就是这么一个狂到极点的人。

杜审言虽有文才，可是政治品德却不值得赞赏，他依附谄媚武则天的男宠张昌宗、张易之兄弟，缺少文人应有的气节。他于中宗神龙元年（705）遭贬，被流配到峰州，不久召还，授国子监主簿。杜甫二十九岁那一年，曾在河南洛阳附近的偃师首阳山修建陆浑庄，在那里祭奠杜预，却没有祭奠杜审言。也许在杜甫的心目当中，他这位狂妄的祖父在人品道德方面实在没有什么好说的，可以夸夸海口的也就只有文章了。杜甫曾在诗中说："诗是吾家事，人传世上情。"（《宗武生日》）"吾祖诗冠古，同年蒙主恩。"（《赠蜀僧闾丘师兄》）这充分说明杜审言在杜甫的心中，主要是一个诗人的地位。

尽管如此，在注重诗歌创作的盛唐时代，杜审言也是足以让杜甫自豪的。

有杜预、杜审言这样赫赫有名的先辈的深刻影响，使杜甫拥有了政治上和文学上强大的自信力和进取心。而在杜甫的家族中，还有一些与众不同的奇人也对杜甫产生了重要的影响。

杜氏传奇　节孝为本

杜甫的二叔父杜并是一个传奇人物。杜审言在吉州（今江西吉安）做官的时候，与一个叫郭若讷的官僚关系非常紧张，这人便在他们的上司周季童面前陷害他。结果周季童听信谗言，将杜审言关在了死囚牢中，性命危在旦夕。杜审言的二儿子杜并当时只有十六岁，趁着一次宴会的机会，他怀揣匕首猛刺周季童，周季童身受重伤，临死的时候说自己没有想到杜审言能有这么一个大孝子，后悔自己不该听信郭若讷的谗言而招致杀身之祸。虽然杜并也因谋杀朝廷官员被官兵所杀，但是武则天对杜并的孝心大为赞赏，杜审言的冤情得以昭雪，回到了洛阳。杜并的行为虽然触犯了法律，但符合中国“孝”的传统美德，尤其是在崇尚任侠精神的唐代，这种替父伸冤的义举得到了人们的赞扬，当时许多大文人都主动为他作墓志、祭文。《大唐新语》上就详细记载了杜并为其父杜审言报仇的过程：“杜审言雅善五言，尤工书翰，恃才謇傲，为时辈所嫉。自洛阳县丞贬吉州司户，又与群僚不叶。司马周季重与员外司户郭若讷共构之，审言系狱，将因事杀之。审言子并，年十三，伺季重等酬醼，密怀刃以刺季重。季重中刃而死，并亦见害。季重临死，叹曰：‘吾不知杜审言有孝子，郭若讷误我至此！’审言由是免官归东都，自为祭文以祭并。士友咸哀并孝烈，苏颋为墓志，刘允济为祭文。则天召见审言，甚加叹异，累迁膳部员外。”（《大唐新语》卷五《孝行》）

杜并为父弑仇的事除《大唐新语》外，在《新唐书》《旧唐书》上均有相关记载，但都误记杜并为时年十三，并将“周季童”误植为“周季重”，根据1919年出土的《杜并墓志铭》的记载：“遂构君于司马周季童”“春秋一十有六”，证明这当为传世文献之误。杜甫也以此为荣，曾称颂自己的这位二叔：“缙绅之家，谏为孝童。”（《唐故万年县君京兆杜氏墓碑》）

其实杜审言的曾祖父，即杜甫的十世祖杜叔毗，也有为兄长报仇的刚烈行为。他的兄长被曹策冤杀，“叔毗内怀愤惋，志在复仇。然恐违朝宪，坐及其母，遂沉吟积时”。他一心想要为兄报仇，却又担心无人赡养母亲。他的母亲劝慰他说：“汝兄横罹祸酷，痛切骨髓。若曹策朝死，吾以夕殁，亦所甘心。汝何疑焉。”（《周书·杜叔毗传》）意思是说，为兄报仇乃天经地义，只要杀了仇人，即使她自己受株连而死，也是心甘情愿的。于是，杜叔毗在光天化日之下刺杀仇人，然后将自己捆绑起来向官府请罪。皇帝知道这件事情之后，被他的精神所感动，赦免了他的罪名。

杜并、杜叔毗的行为虽然触犯了刑律，却在道德上赢得了当时舆论的普遍赞誉，换句话说，这样的行为虽然不符合封建刑律的规定，却是为封建伦理道德体系所推崇、所敬仰的。这些都在道德层面而不是制度层面对杜甫产生了深刻的影响。

杜甫年幼的时候，母亲就去世了，一直由他在洛阳的姑姑抚养长大。天宝元年（742），杜甫三十一岁那一年，他的姑姑去世了，杜甫特地为她服丧，并且撰写墓志，人们都为杜甫的孝行而感动，赞美他与叔叔杜并同样孝顺，对他说：“岂孝童之犹子与？奚孝义之勤若此！”杜甫哭着回答说并非是自己孝顺，而是为了报答姑姑的深情厚意。关于这个姑姑，杜甫在《唐故万年县君京兆杜氏墓碑》记载：

甫昔卧病于我诸姑，姑之子又病，问女巫，巫曰："处楹之东南隅者吉。"姑遂易子之地以安我，我用是存，而姑之子卒，后乃知之于走使。甫尝有说于人，客将出涕，感者久之，相与定谥曰义。

原来杜甫寄住于姑姑家中时，与姑姑的亲生儿子同时生病了，姑姑找来当地的女巫算卦，女巫认为将孩子放在房间的东南角病就好了。姑姑便将自己的孩子挪开，将杜甫安置在东南角，后来杜甫活了下来，可是姑姑的亲生儿子却夭折了。这个说法当然具有迷信的成分，但是起码说明姑姑对于幼年的杜甫照顾得非常细心，而且视如己出。因此杜甫对于姑姑一直存有非常深厚的感恩之心，姑姑去世后，他就与人商议给姑姑取了一个谥号，叫做"义"，在墓志中，杜甫称呼姑姑为唐义姑。

"义姑"称号的典故源自《列女传》：

齐攻鲁，至郊，望见一妇人抱一儿，携一儿而行，军且及之，弃其所抱，抱其所携而走于山，儿随而啼，妇人遂行不顾。齐将问儿曰："走者尔母耶？"曰："是也。""母所抱者谁也？"曰："不知也。"齐将乃追之，军士引弓将射之，曰："止，不止，吾将射尔。"妇人乃还。齐将问所抱者谁也，所弃者谁也。对曰："所抱者妾兄之子也，所弃者妾之子也。见军之至，力不能两护，故弃妾之子。"齐将曰："子之于母，其亲爱也，痛甚于心。今释之而反抱兄之子，何也？"妇人曰："己之子，私爱也。兄之子，公义也。夫背公义而向私爱，亡兄子而存妾子，幸而得幸，则鲁君不吾畜，大夫不吾养，庶民国人不吾与也。夫如是，则胁肩无所容，而累足无所履也。子虽痛乎，独谓义何？故忍弃子而行义，不能无义而视鲁国。"于是齐将按兵而止，使人言于齐君曰："鲁未可伐也。乃至于境，山泽之妇人耳，犹知持节行义，不以私害公，而况于朝臣士大夫乎？请还。"齐君许之。鲁君闻之，赐妇人束帛百端，号曰义姑姊。

大意是说，春秋战国的时候，齐国攻打鲁国，一个鲁国女子抱着一个孩子、牵着一个孩子，当齐国人要朝她射箭时，她赶忙放下怀中的孩子，抱起牵着的孩子就跑。齐国人觉得很奇怪，就上前发问。女子回答说：怀中的是哥哥的儿子，丢下的是自己的儿子。儿子对于母亲，不过是私人之爱；侄子对于姑姑，那是公德之义。遇到危难之时，应当就公德而弃私爱。齐国将领听了这番话，便撤军了，因为他们觉得鲁国郊野之地的女子尚且能够懂得这样一番道理，更何况朝廷君臣呢？鲁国国君听说这件事后便赐给这个女子一束绢帛，尊称她为"义姑"。

杜甫姑姑舍己之子而救杜甫的行为与"义姑"的行为何其相似，这一先公德而弃私爱的品性对杜甫人格的形成起到了重要的作用。他一生关注苍生，在个人家庭面临苦难的时候，却始终保持着仁爱、慈悲之心，这种"老吾老以及人之老，幼吾幼以及人之幼"的感人精神，与这特殊的家庭背景对他的影响是分不开的。

杜甫家族中还有一位女性可以与历史上的奇女子相提并论，她就是杜甫的曾祖姑姑。杜甫在《送重表侄王砅评事使南海》一诗中写道：

我之曾祖姑，尔之高祖母。尔祖未显时，归为尚书妇。隋朝大业末，房杜俱交友。长者来在门，荒年自糊口。家贫无供给，客位但箕帚。俄顷羞颇珍，寂寥人散后。入怪鬓发空，吁嗟为之久。自陈剪髻鬟，市鬻充杯酒。上云天下乱，宜与英俊厚。向窃窥数公，经纶亦俱有。次问最少年，虬髯十八九。子等成大名，皆因此人手。下云风云合，龙虎一吟吼。愿展丈夫雄，得辞儿女丑。秦王时在坐，真气惊户牖。及乎贞观初，尚书践台斗。夫人常肩舆，上殿称万寿。六宫师柔顺，法则化妃后。至尊均嫂叔，盛事垂不朽。

王砅的高祖父就是唐太宗时期的礼部尚书王珪，相当于现在的部长。王珪的夫人就是杜甫的曾祖姑姑。杜甫的这位曾祖姑姑可不是一般的人物。隋朝末年的时候，王珪家中很穷，还没有做官，但是他有着卓越的才华和远大的志向，与房玄龄、杜如晦都是好朋友，房玄龄、杜如晦二人和太原留守李渊的儿子李世民交情甚深。有一次，房、杜二人陪着李世民拜访王珪，李世民当时才十八岁，跟随父亲镇守太原。他们三人来到王珪家后，尽管相谈甚欢，但王珪实在是太拮据了，甚至于连饭和酒也招待不起。王珪的夫人看到李世民的相貌威武不凡，就把自己的头发剪下来卖了，用换来的钱置办酒席款待他们。后来李世民做了皇帝，王珪做了礼部尚书，李世民与王夫人以“嫂嫂叔叔”相称。这显然是一次成功的政治投资，一缕青丝换来丈夫头上一顶巨大的乌纱帽，显示了这位妇道人家非同寻常的政治远见。

类似杜甫这位曾祖姑姑的故事在历史上也曾发生过。大诗人陶渊明的曾祖父陶侃原来也很穷，有一位官员来拜访他，陶侃的夫人便把头发剪下来卖掉换成钱，置办酒席，后来这位官员帮助陶侃做了官，走上仕途。看起来，杜氏家族确实有着“奉儒守官”的传统，这种家族传统对于青少年时代杜甫的影响是很大的。他在以后写诗作文时，常常讲述这些家族故事，实际上，这并非是对过往事件的简单复述，他是在诗文中传递着一种人格的传统，这种人格的传统逐渐渗透到他自己的血液里，渗透到他的思想里。他相信，他的身上流淌着超乎寻常的血液，那些发生在先辈身上的事情一定也能发生在自己身上。

杜甫在杜氏家族“奉儒守官”传统的影响下，一生都执着地恪守封建伦理秩序，有着很强的道德观念，表现在对待国家、国君、家人、朋友等很多方面。“穷年忧黎元，叹息肠内热”“致君尧舜上，再使风俗淳”等等，这种忠心侍奉明君、关心民生疾苦等思想都是他毕生的追求，虽然在今天看来似乎有些迂腐、有些保守，但这种精神正是杜氏家族的传统。

贤良盛族　李唐皇枝

杜氏家族的传奇人物促使了杜甫人格的形成，杜甫舅家与李唐宗室的关系也给杜甫带来了骄傲。

杜甫的母亲姓崔，崔氏是魏晋时期的望族，至唐仍然有着很大的势力，甚至在安史之乱以后也没有衰落。杜甫在诗中写道：“舅氏多人物，无惭困翮垂。”（《赠崔十三评事公辅》）“贤良归盛族，吾舅尽知名。”（《奉送二十三舅录事之摄郴州》）从诗句的口气中可以看出，杜甫的舅家与唐王室宗亲之间有着非常密切的联系。

细细地算起来，杜甫的外婆崔氏是唐太宗的重孙女，她的父亲是太宗第十子纪王李慎的次子义阳王李琮。武则天时期，太宗的子孙起兵反抗，遭到了严厉镇压，李慎受到株连被投入监狱，后来改姓虺氏，流放岭外而死。李琮与妻子分别被关押在不同的地方。杜甫的外婆崔氏那时候还小，穿着布衣草鞋，往来于两个关押地点给父母送饭，当时的人都被这个小女孩的孝行所感动。张说在《赠陈州刺史义阳王碑》中说：“初永昌之难，王下河南狱，妃录司农寺。惟有崔氏女，屝屦布衣，往来供馈，徒行悴色，伤动人伦，中外咨嗟，目为勤孝。”对此，杜甫也曾在《祭外祖祖母文》中深情地回忆：“初，我父王之遘祸，我母妃之下室。深狴殊涂，酷吏同律。夫人于

丁酉秋日
天高氣爽
繪於京華
康震

會當凌絕頂一覽衆山小

杜甫望岳诗句

丁酉春 康震书

是布裙屝屦，提饷潜出。”李琮的女儿是这样至孝之人，他的两个儿子也很刚烈，他们被发配到嶲州，即现在的四川西昌。老大由于已经成年，因谋反而获死罪，老二由于年幼尚可免于一死，但他请求代替哥哥去死，官员不答应，于是他自杀殉兄，这两个孩子就是杜甫母亲的舅舅，即杜甫的舅爷。所以，从血缘上来讲，杜甫也算是唐太宗第六代后人，他身上多少流淌一些李唐皇室的血液。

杜甫外公的母亲出身也非一般，她是唐高祖李渊第十八子舒王李元名的女儿，李元名后来被武后所杀。杜甫晚年的时候，在四川夔州与唐高祖第十七子的曾孙李义相逢，为此他还写了一首诗，叫做《别李义》:“神尧十八子，十七王其门。道国洎舒国，督维亲弟昆。中外贵贱殊，余亦忝诸孙。”在夔州时，杜甫已经远离政治中心许多年，但是当他看到皇室后裔李义的时候，仍不禁想起远在长安的唐王朝。尽管他身上有着李唐皇室的一部分血液，但毕竟与李唐王朝的嫡传子孙有很大的差别，挣扎在穷困边缘的杜甫与李义相比，高低贵贱已经完全不同，但他还是不愿意忘记自己与皇室的这点关系。

杜甫与外婆的娘家、外公的姻亲关系已经非常疏远了，但是因为这些家族与李唐宗室之间有着千丝万缕的关系，又有一些孝悌可彰的人事，对于杜甫来说，当然就非常重要，这也是他终身引以为豪的事情。

这种与皇室攀亲的做法在当时也很常见，大唐王朝，历来就有攀附宗室大姓、谋取功名的传统。李白曾自称与唐王朝皇室同宗同族，是凉武昭王的后裔，并因此受到许多人的刮目相看。但是因为记载不清，也没有什么确凿的证据，所以一直不能令后人完全信服。即使这样，李白还依然言之凿凿地号称自己是李唐宗室至亲，更何况杜甫事实上就与皇室有血缘关系，对此，他当然会念念不忘。这对于杜甫与唐王朝之间特殊感情的生成有很大作用，对于杜甫忠君思想的形成无疑具有先入为主的意义。

杜甫生于这样一个家庭，拥有良好的家族传统，而又代出名人，有一个卓越的祖先、以诗文著名的爷爷、孝顺的二叔、明智的外婆等等，这些前辈们为杜甫创立了行为规范，奠定了他忠君爱国的思想基础。同时，杜甫“奉儒守官”的家族理想，“诗是吾家事”的家族传统，“生常免租税，名不隶征伐”的世家特权，为杜甫在文学上的追求，为他封建思想道德的形成，为他后来关心民众特别是关心下层民众打下了重要的思想基础。

咏凤壮游　李杜唱和

在后世许多人的印象中，杜甫是一个老实巴交、忧国忧民、不爱交际活动、对待生活很认真的人。那么，真实的杜甫是这样的吗？“读书破万卷”的他，会是一个十足的书呆子吗？

从杜甫现存诗文来看，他所能记得的最早的一件童年往事就是在河南郾城观看公孙大娘舞剑器。杜甫五十六岁时的一天，在四川夔州看到临颍人李十二娘舞剑器，杜甫忍不住上前询问，这个李十二娘竟然是公孙大娘的徒弟，此时杜甫已经是苍髯白发了，他惊叹人生会有如此的巧合机缘，于是写诗记录了整个过程。

> 昔有佳人公孙氏，一舞剑气动四方。观者如山色沮丧，天地为之久低昂。㸌如羿射九日落，矫如群帝骖龙翔。来如雷霆收震怒，罢如江海凝清光。绛唇珠袖两寂寞，况有弟子传芬芳。临颍美人在白帝，妙舞此曲神扬扬。与余问答既有以，感时抚事增惋伤。……（《观公孙大娘弟子舞剑器行并序》）

在这首诗中，杜甫深情地回忆了自己童年时代观看公孙大娘舞剑的经历，他赞叹公孙大娘“舞剑器浑脱，浏漓顿挫，独出冠时”。当时，看公孙大娘舞剑的人可谓人山人海，而整个天地也随着她的剑而起伏，时而如同羿射九日，时而如同骖龙翔舞，时而如同雷霆收怒，时而又似江海凝光。在这些惟妙惟肖的描述中，我们可以感受到杜甫童年生活的兴致，也可以想见杜甫度过的是一个兴趣广泛、充满乐趣的童年。

不仅如此，杜甫跟别的孩子一样，也有着童年调皮的往事。杜甫在晚年所作的《百忧集行》一诗中回忆自己的少年时代时说：“忆年十五心尚孩，健如黄犊走复来。庭前八月梨枣熟，一日上树能千回。”他回想自己十四五岁时，心态还像一个小孩子一样，身体也健壮得像一头小牛犊，经常在家门前的梨树枣树上爬上爬下，一天能有千百回。这显然是一个充满了生机和活力的童年。杜甫作此诗时年事已高，这不仅是他对孩童时代的美好回忆，也表现了他对自己少年时代健壮身体的羡慕与向往。

除了拥有与其他小孩一样的童年趣事之外，在“诗是吾家事”的家族传统中长大的杜甫，从小就受到了良好的教育。他不仅读过许多儒家经典，而且还精熟《文选》等文学典籍。他说自己“学诗犹孺子，乡赋念嘉宾”（《奉赠鲜于京兆二十韵》），又说自己很小的时候就开始文学创作：“七龄思即壮，开口咏凤凰。”（《壮游》）而且，他在作诗上非常刻苦勤奋，三十九岁那年，杜甫在给皇帝的一篇奏疏中回忆说：“自七岁所缀诗笔，向四十载矣，约千有余篇。”（《进雕赋表》）可见，从七岁作《咏凤凰》到三十九岁，杜甫所作诗文已经有千余篇，这正好应了他自己的一句话：“读书破万卷，下笔如有神。”（《奉赠韦左丞丈二十二韵》）对于自己的诗歌创作才能，杜甫充满了自信，而且这也是他意欲进身仕途，实现自己政治理想的唯一途径，诗歌创作对于杜甫来讲，并非只是一种兴趣和能力，更是一种重要的工具。

与同时期其他的大诗人一样，杜甫在进入仕途之前，也有一段漫游的经历。漫游对于唐代文人来讲是非常重要的一件事情，通过游览各地，可以了解到不同的风土人情，真正地接触社会的方方面面。更重要的是，对于想要跻身仕途的文人来讲，可以通过漫游结交朋友，拜访权贵之士，扩大自己的影响，从而为自己积累丰富的人际资源。十九岁，杜甫首次出游，去山西一带。二十岁左右，杜甫漫游洛阳、江宁、吴越一带，即现在的河南洛阳、江苏南京、浙江东部绍兴、天台山等地。这一段漫游大概持续了四年多，此间杜甫拜访名人，寻访古迹名胜，濡染了不同的地域文化，开阔了眼界，增长了见闻。

唐玄宗开元二十三年（735），杜甫二十四岁的时候，在东都洛阳参加了科举考试，但是没有考中。不过，这一次落第并没有给杜甫带来什么烦恼。有着出众才华的杜甫，并没有对人生的第一次科举考试太过在意，在他的心中，他还年轻，这次考试与其说是来求胜，不如说是来试试身手。他自信自己的才华和学问日后可以继续长进，而他也终将成为一个宰辅之臣。

之后的日子，杜甫又开始过起了裘马清狂的漫游生活。从开元二十四年（736）开始，一直到开元二十八年（740）这几年间，他主要在齐赵一带，即现在的山东与河北南部地区漫游。同时，他也开始了每个人都要经历的感情生活，在三十岁的时候，杜甫与一名杨姓女子结了婚，两人情深意切，相敬如宾，并在以后的岁月中相伴终生。

在整个漫游的过程中，杜甫始终带着盛世的自信与朝气，充满了对生活的乐观态度和豪情壮志。正如诗人在《壮游》一诗中所说："放荡齐赵间，裘马颇清狂。春歌丛台上，冬猎青丘旁。…… 忽如携葛强。"杜甫之所以能在这个时期有漫游之举，是因为他的父亲时任兖州司马，对杜甫而言，并不存在经济问题。正是这种裘马清狂的生活，使杜甫的青年时期充满了浪漫主义色彩。

他在这一时期结识了苏源明、高适等后来盛唐诗坛上有影响的大诗人，也创作出流传千古的名篇佳作。比如最负盛名的《望岳》：

岱宗夫如何？齐鲁青未了。
造化钟神秀，阴阳割昏晓。
荡胸生层云，决眦入归鸟。
会当凌绝顶，一览众山小。

此诗仅从诗题“望”字就可以看出诗人的蓬勃朝气，远远地看着气势磅礴的泰山，充满了攀临绝顶的无限渴望。开头两句从远处仰望，写泰山的高峻伟大，横跨齐鲁，“齐鲁青未了”是惊人之笔，以至于后人评说：“齐鲁到今青未了，题诗谁继杜陵人？”三、四句由远及近，写泰山的神奇秀丽、巍峨高大。五、六句写遥望，见山中层云迭生，心胸为之激荡，鸟儿归巢时仍不愿离去，从中我们可以看到杜甫对山河的留恋与热爱。七、八句写望岳而产生登临峰顶的愿望，表现了诗人敢于攀登顶峰、俯视一切的雄心，显示出他坚韧不拔的性格和远大的政治抱负。“会当凌绝顶，一览众山小”千百年来一直为人们所传诵，正是因为后人可以真切地感受到诗人漫游齐赵时那种慷慨高昂的气魄。

这首诗气势磅礴，胸襟开阔，写出了青年杜甫不同寻常的自信心，也折射出盛唐时代积极向上的时代气象，展现出了超越具体时空局限，具有普遍生活意义的哲理内涵。这是青春的杜甫、浪漫的杜甫、自信的杜甫的鲜明写照！尽管杜甫留给世人的是一副沉重与悲悯的形象，但杜甫也确实曾经年轻过，也曾幻想过，也曾浪漫过。

就是在这样的漫游生活当中，杜甫与比他年长十一岁的大诗人李白在洛阳、梁宋（今河南开封、商丘一带）相遇相识，他们两人一起在梁宋、齐州（今山东济南）、兖州等地纵马射猎、把酒论诗，好不自在！

杜甫虽然被后世尊为诗圣，其诗被称为诗史，然而在当时，他的名气还远远不如后世那么大，也远不如当时已经名满天下的“诗仙”李白。这两位唐代诗歌史上的“双子星”究竟是怎样相识的呢？

杜甫跟李白第一次见面是在天宝三载（744）。这一年李白在长安遭遇了第一次政治失败，被玄宗“散金放还”，他带着失意的心情向东漫游，来到了洛阳、开封、商丘这些地方，当时杜甫也在洛阳。他们在洛阳见面，然后一起漫游，当时李白四十四岁、杜甫三十三岁，后来盛唐著名的边塞诗人高适也参加了这次漫游活动。

这三个盛唐时期的诗人正值青壮年，他们在不同的心情下相遇。李白刚刚从政治中心出来，满心的抱负没有得到施展，有些牢骚；杜甫的人生道路还没有完全展开，对前途充满了希望；高适也是一门心思想在政治舞台上打开一条通道。但是不管怎么样，这三个人都对前途充满了期望，正是这样一种共同的心理，使得他们的漫游活动充满了朝气。由于这三个人在文学史上的地位，他们的交游也成为文学史上的佳话。杜甫在晚年的时候，回忆起这次漫游活动：

> 昔我游宋中，惟梁孝王都。名今陈留亚，剧则贝魏俱。邑中九万家，高栋照通衢。舟车半天下，主客多欢娱。白刃仇不义，黄金倾有无。杀人红尘里，报答在斯须。忆与高李辈，论交入酒垆。两公壮藻思，得我色敷腴。……（《遣怀》）

这首诗开始写了开封和商丘人口众多、都市繁华、交通便利，不论是当地人，还是外来的游客，在这里都非常愉悦。而在这样的城市中有着许多侠义之士，他们手刃那些不义之徒，同时又有着劫富济贫的壮举。他们注重义气，可以在喧闹的街市中杀人，只为了报答与自己投合之人。在这样一种经济繁荣、街市繁华、精神高涨的城市环境中，杜甫三人也濡染了这种气质，在一起喝酒谈天。后人看到此诗，常常会生发出好奇之感：这三个诗坛巨子在一起究竟谈论些什么？其实无论是谈论怎么做一个侠客也罢，谈论如何去打猎也罢，谈论如何作诗、做人也罢，谈论游仙访道也罢，还是谈论对未来的期许、对理想的追寻也罢，我们相信，盛唐时代一切的时代精神都曾出现在他们的谈话之中。这段日子对他们来讲，确实是一段亲密无间的豪情岁月，正如杜甫在《赠李白》其二中所说："痛饮狂歌空度日，飞扬跋扈为谁雄？"《与李十二白同寻范十隐居》的最后一句"不愿论簪笏，悠悠沧海情"，也表达了他们的放达。他们在一起并不谈当官的事，只愿同做笑傲沧海的遨游。总之，对于这次漫游，在杜甫的记忆中是深刻且美好的。

结识李白之后，杜甫就从来没有淡忘过这个诗坛挚友，他在许多诗中都对李白表达了自己深深的崇敬与思念。如《冬日怀李白》《春日忆李白》《梦李白》《天末怀李白》等等，从这些题目中就可以看出他对这位老朋友的挂念，他总是期盼着能够与李白相逢，共同享受诗酒人生。

他们两人也互相写诗打趣，充满了朋友间幽默诙谐之情。李白在山东兖州时所作的《戏赠杜甫》一诗写道："饭颗山头逢杜甫，头戴笠子日卓午。借问别来太瘦生，总为从前作诗苦。"从现在可见到的杜甫形象中，我们知道杜甫一直非常清瘦，李白看到久别的朋友后，用戏谑的语调表达了对杜甫的关心。杜甫在《赠李白》其二中也写道："秋来相顾尚飘蓬，未就丹砂愧葛洪。痛饮狂歌空度日，飞扬跋扈为谁雄？"两人一唱一和，互相勾勒着彼此的形象，鲜明生动，读来如见其人，如闻其声，尽显两人之间的深厚情谊。

闻一多先生曾经在《杜甫》一文中谈到李白和杜甫的会面，他说："我们该当品三通画角，发三通擂鼓，然后提起笔来蘸饱了金墨，大书而特书。因为我们四千年的历史里，除了孔子见老子（假如他们是见过面的），没有比这两人的会面，更重大、更神圣、更可纪念的。我们再逼紧我们的想象，譬如说，青天里太阳和月亮走碰了头，那么，尘世上不知要焚起多少香案，不知有多少人要望天遥拜，说是皇天的祥瑞。如今李白和杜甫—诗中的两曜，劈面走来了，我们看去，不比那天空的异端一样的神奇、一样有重大意义吗？”确实如此，李白和杜甫是中国诗史上最伟大的诗人，特别难得的是，这两个伟大的诗人居然在一个时代中会面，并结下了深厚的友谊。

杜甫有功勋卓著、声名显赫的祖先，有以诗文名扬天下的祖父，有与唐王朝宗室关系密切的舅家，有建功立业、奉儒守官的家族传统，有良好的家庭教育环境，有健壮的身体，有广泛的兴趣，有乐观自信的生活态度。对于杜甫来讲，他出生的年代也是一个黄金时代，他目睹了“开元盛世”的壮观，也亲身感受到了时代的强大，接受了时代赋予他的精神、志向和胸襟。又经过了几年的漫游生活，使他开阔了眼界，增长了知识。此时，杜甫似乎已经为出仕做好了全面的准备，在这样的时代精神感召下，在这样一种家族传统的激励下，杜甫进入长安，走向了帝国的政治中心，开始了对理想执着的追求。

第二章

京华旅食潜悲辛

杜甫漫游齐鲁之间“裘马清狂”的生活是潇洒快乐的，也是短暂的。在洛阳参加科考不第六年后，怀抱着远大抱负的杜甫于天宝五载（746）来到了都城长安，开始了漫长而曲折的求官经历。这一次，他不再只想试试身手，而是已经拥有了明确的政治目标，意欲经由科举进入仕途，实现“致君尧舜上，再使风俗淳”的政治理想。自许甚高、意气风发的杜甫参加了一次特殊的考试。但这次由天子自招的制举非但没有让杜甫平步青云、飞黄腾达，相反，却如一个沉重的打击降临到杜甫的头上，这个打击以及此后的一系列坎坷经历，导致杜甫生活轨道的彻底转变，也促使一个中国古代最伟大现实主义诗人的成长。

林甫妒贤　儒冠误身

唐玄宗天宝六载（747），三十五岁的杜甫参加了一场唐玄宗亲自举办的选拔人才考试。《资治通鉴》上有着相关记载：

> 上欲广求天下之士，命通一艺以上皆诣京师。李林甫恐草野之士对策斥言其奸恶，建言：“举人多卑贱愚聩，恐有俚言污浊圣听。”乃令郡县长官精加试练，灼然超绝者，具名送省，委尚书覆试，御史中丞监之，取名实相副者闻奏。既而至者皆试以诗、赋、论，遂无一人及第者。林甫乃上表贺野无遗贤。

唐玄宗举办此次考试的目的，本来是要广求天下能士，即凡有一技之长的能士都可以到长安来接受皇帝的直接考查，这便是所谓由皇帝直接选拔人才的制举，而非常规举行的科举。但在当时宰相李林甫的暗箱操作下，竟将这个选拔转变为由各级地方长官首先选拔，然后再由中央各部门的官员把关，最后才能参加考试。考试的结果更是令人惊异，参加考试的士子全军尽没，无一人及第。李林甫通过耍弄手腕一个都不录取，却还向皇帝表示祝贺，说“野无遗贤”，就是说天下人才早就搜罗殆尽，没有合适的人才了！这等荒唐的事情唐玄宗竟然也相信！

天宝时期的政治环境与开元时期有着很大的差别，当时高层的人事安排即为其中一个重要的标志—— 唐玄宗罢免了宰相张九龄，任用李林甫为新一任宰相。李林甫是唐玄宗时期著名的奸相，他擅长音律，没有什么才学，但是会机变，善钻营，是一个口蜜腹剑的阴险之人。他的政治权术已经耍到了登峰造极的地步，不仅一般人为之心惊，即便老奸巨猾者也望而生畏。《新唐书》记载：“李林甫无学术，见九龄文雅，为帝知，内忌之。”他陷害张九龄等忠良仁义之臣，并使玄宗罢免张九龄，让自己当上了宰相。他担任宰相后，为了确保大权独揽，一方面广为罗织党羽，一方面堵塞言论。《资治通鉴》记载：“李林甫为相，凡才望功业出己右及为上所厚、势位将逼己者，必百计去之；尤忌文学之士，或阳与之善，啖以甘言而阴陷之。世谓李林甫‘口有蜜，腹有剑’。”这种行为破坏了从唐太宗以来大臣向皇帝提意见、皇帝虚心接受臣子建议的优良政治传统，也破坏了君主放手任用大臣，大臣尽心辅佐君主的良好政治格局。

此外，李林甫堵塞皇上的视听，嫉贤妒能。作为宰相，不仅不向玄宗积极推荐人才，反而阻碍人才的推荐与培养。天宝六载(747)对玄宗谎称“野无遗贤”之事，即是其嫉贤妒能、大权独揽的集中表现。在许多研究者看来，唐玄宗的这个任免决定，就是唐王朝由盛转衰的一个转折点。

李林甫痛恨文人，特别是有名气的文人，只因他是皇室宗亲，纨绔子弟，并无实学，文字能力甚差，是个错字、白字先生。据《旧唐书》记载：“林甫典选部时，选人严迥判语有用‘杕杜’二字者，林甫不识‘杕’字，谓吏部侍郎韦陟曰：‘此云“杖杜”，何也？’陟俯首不敢言。”“杕杜”，本是《诗经》中的篇名，意思是高大特立的海棠树。李林甫不认识“杕”字，他问吏部侍郎韦陟说：“这个杖杜是什么意思？”韦陟只好低着头，不敢再接他的话茬儿。《旧唐书》还记载了另一个故事：“太常少卿姜度，林甫舅子，度妻诞子，林甫手书庆之曰：‘闻有弄獐之庆。’客视之掩口。”说的是李林甫的表兄弟姜度得了一个儿子，李林甫写了一封信表示祝贺，说：“闻有弄獐之庆。”古人重男轻女，生个男孩儿叫做弄璋，璋就是玉器，代表德行、政事；生个女孩儿叫做弄瓦，瓦就是古代用陶土制成的纺锤。结果他把玉器的“璋”写成了獐子的“獐”，岂不成了玩弄小野兽吗？知道这件事的人无不掩口暗笑。让这样一个文化层次甚低的人把持朝政、选拔官员，有才者被埋没也是可想而知的事了。

在新、旧《唐书》中，李林甫被列于《奸臣传》，而唐王朝的衰落似乎是因为他完全蒙蔽了玄宗的视听而一手造成的。那么，唐玄宗为什么如此信任李林甫呢？这还得从皇权与相权之间的关系来看。

说起来，皇权与相权的关系还真是微妙，一方面皇权需要相权来辅助自己维护最高统治，另一方面，皇权又非常担心相权过重，过多地干涉皇权，对皇权至高无上的地位形成挑战。开元盛世局面的形成，使得唐玄宗的皇权意识开始空前膨胀。换言之，此时的玄宗不再愿意听从宰相的意见，他所需要的是俯首帖耳的执行者，而不是监督者。而开元时期的一批宰相如张说、张九龄等却并不符合这一要求，他们不仅是一些有很高文艺修养的文辞之士，还是一些有德行、有政治信念的大儒。他们对于清明的政治有自己的理念与原则，他们希望能够恪守封建理想政治的格局，希望能够做一个不仅为皇家谋利益、更为天下百姓谋利益的宰相。当皇帝勤于政务、以天下民生为本的时候，宰相的意志能够较好地与帝王相统一。而当盛世出现，皇帝的执政意识逐渐松懈时，张九龄等一批忠义的宰相便开始担心帝国的前途，从而也就不免与唐玄宗发生冲突。当玄宗觉得自己的行为处处受到制约和干扰时，就需要找一个听话的、顺从自己意志的宰相，而李林甫的最大特点就是完全顺从唐玄宗的意志来办事，故而深得玄宗信任。于是玄宗放心地将全部的事务都交给他，而且一用就是十六年。所以说，玄宗任用李林甫，根本上说是为了自己的需要，本质上玄宗并未被李林甫完全架空，更没有变成宰相的傀儡。李林甫也曾非常成功地处理过政务，对于政治、财经、军事、法律等诸项制度进行了大幅度的改革。由于玄宗对李林甫的信赖，皇权与相权得以充分集中，使得整个中枢机构的行政效率得到提高，但与此同时也中断了唐太宗以来兼听纳谏、广开言路、集思广益的优良政治传统。而当李林甫羽翼丰满，他便开始在唐玄宗信任的大树庇荫下，做出许多损国利己的事。这次无人及第的制举考试就是一件危害国家利益的事情，对文人所造成的影响更是巨大。

杜甫等怀着报国之志的文人就恰恰遭遇了这样的政治转折点以及这样一个胸无点墨、妒才忌贤的宰相。杜甫参加了这场集体落榜的考试，当然也没能逃过失败的命运。与第一次考试失利相比，这一次的失利对杜甫打击非常大。五年以后的天宝十一载（752），他在给一位高官的诗中，还对此事耿耿于怀："破胆遭前政，阴谋独秉钧。微生沾忌刻，万事益酸辛！"（《奉赠鲜于京兆二十韵》）此时李林甫刚刚死去，杨国忠掌权，杨国忠诬告李林甫里通外国。据《新唐书》的记载，李林甫被"悉夺官爵，斫棺剔取含珠金紫，更以小榇，用庶人礼葬之"，即被剥夺所有官职荣誉，棺材也被扒开，用小棺材以一般老百姓的规格重新安葬，他的子弟们也都被流放到岭外。因此，此时的杜甫当然敢直言自己心中的不满和对李林甫的意见。在制举落第时，他虽然不敢公开表示，但是在一些诗当中，还是表露出愤懑的情绪："漂荡云天阔，沉埋日月奔。致君时已晚，怀古意空存。"（《赠比部萧郎中十兄》）。杜甫从小就"窃比稷与契"，一心一意要"致君尧舜上，再使风俗淳"，他认为自己有宰辅之才，能够帮助帝王治理国家，使国家民风淳朴，国泰民安。然而，经过两次考试失利，杜甫觉得自己坐视光阴虚度，一事无成，心中之抑郁孤忿的确难以忍受。

韦济是当时一位颇有文名的高官，他曾先后任职太原尹、河南尹等直辖府尹，相当于现在的直辖市市长的职务。韦济的父辈与杜甫的爷爷杜审言有过交往，所以韦济对杜甫一直比较关心，在河南任官期间，经常到杜甫的偃师家中去看望他。杜甫在寄给韦济的一些诗作中表露了自己在考试失败后近乎愤世嫉俗的心态："尸乡余土室，谁话祝鸡翁！"（《奉寄河南韦尹丈人》）诗中"祝鸡翁"的典故出自《列仙传》，传说有个名为祝鸡翁的洛阳人，住在尸乡北山下，养鸡百年，千余只鸡，只只皆有名字，呼之即来，他卖鸡蛋和鸡得钱千余万，可是却飘然而去。杜甫的意思是说，自己除了有几孔破窑洞之外，一无所有，唯有您还时常来看像祝鸡翁一样不合时宜的我。其中失落、激愤、潦倒的心情可以想见！

后来韦济到长安担任尚书左丞，具体掌管吏、户、礼三部。杜甫又给他献诗《奉赠韦左丞丈二十二韵》，诗中写道：

> 纨绔不饿死，儒冠多误身。丈人试静听，贱子请具陈。甫昔少年日，早充观国宾。读书破万卷，下笔如有神。赋料扬雄敌，诗看子建亲。李邕求识面，王翰愿为邻。自谓颇挺出，立登要路津。致君尧舜上，再使风俗淳。此意竟萧条，行歌非隐

沦。骑驴三十载，旅食京华春。朝扣富儿门，暮随肥马尘。残杯与冷炙，到处潜悲辛。

在这首诗中，杜甫直指用人环境的不合理，他认为这是一个小人得志而才志之士被埋没的时代。他自认才华可以跟扬雄、曹植等人相媲美，当朝的大文人李邕和王翰都愿意跟他交往。于是，杜甫也曾非常自负地向世人宣称："自谓颇挺出，立登要路津。"但即便是怀着一身的才情，杜甫也无法施展自己的抱负，反而落得一个极其悲惨的境地：三十多岁了，在长安名利场里努力奋争，却过着无比艰辛的生活，早上敲着富贵人家的门，晚上跟在富贵人家的大肥马后面，不辞辛苦地希望能得到权贵的赏识。政治上没有着落，生活条件也十分艰辛，终日吃他人吃剩的残羹冷炙。面对这样残酷的现实，杜甫不能不发出"到处潜悲辛"的感叹。诗中对于生活状态的描写可能是有些夸张，但是心境却是绝对真实的，虽然生活还没有马上陷入困顿不堪的境地，但是在心态上，在精神状态上，却已到了近乎崩溃的边缘。这种悲凉的心境就是这次考试遭受失败后造成的。他的人生目标太高，而社会又没有提供给他这样的平台，从而造成高峻的人格与残酷的社会现实之间的冲突，并引发出由于理想不能实现而造成的无穷无尽的烦恼与喟叹。

但是，这一次挫败并不能成为杜甫停止奋斗的理由，也不会成为他人生追求的终点。他的个性其实是非常孤傲、倔强的，在经历科考失败后，他继续参加难度更大的制举考试，凡是参加制举考试的人肯定在某一方面有突出的才华，否则是不可能参加的。制举有可能使一个人一步登天，但也有可能什么结果都没有，风险和机遇并存。这也正显现了杜甫恃才傲物的一面，这一面往往不为世人所知，却也恰恰是他那个引以为荣的家族给他的骄傲。

丁酉夏 康震
酒

痛飲狂歌空度日
飛揚跋扈為誰雄

書杜贈李白
康震學書

投匭献赋　词感帝王

在公元747年的那场制举考试中，包括杜甫在内的全国考生全部落选，这真可以称得上是一条千古奇闻。考试的失败让杜甫愤怒了、激动了、痛苦了，他甚至开始对这个朝廷有些怀疑了。但是，他并没有因此而退缩，而是进一步采取新的举动来谋求跻身政坛的机会。

从唐玄宗天宝四载（745）到天宝十五载（756）的十余年间，杜甫往来于唐朝两京洛阳和长安之间，大部分时间在长安苦苦奋斗、等待，他希望能够通过自己的努力得到一官半职，能够在政治上有所作为，从而实现他人生道路的转变。他的人生道路确实发生了转变，从诗歌研究的角度来讲，正是在长安这艰难痛苦的十年，杜甫开始了现实人生与艺术人生的转变，开始走向诗圣之路。换句话说，长安十年的奋斗历程虽然最后没能造就他成为一个宰相，却铸造他成为一个最伟大的现实主义诗人，成为一个诗圣。

杜甫在唐玄宗广求天下贤士的制举中没有被录取，直接原因就是李林甫对文人的讳忌与排斥。杜甫感受到了政治上的孤立与无助，为了求得政治上的成功，杜甫开始不断地寻求政治依靠，希望通过结交达官贵人而得到援引，最终能够踏上仕途。尽管杜甫在《自京赴奉先县咏怀五百字》中说自己“独耻事干谒”，但这段时间他还是不能免俗地干谒权贵。

杜甫的求职活动也有一定的成果，至少他得到了权贵张垍的认可和举荐。当时的文人、知识分子要想显达，就必须找一些中间人举荐，这些人既要有一定的权势，还应在文坛上有一定的影响力，张垍就是这样的人物。他父亲张说既是高官宰相，又是文坛的宗主，他本人又是唐玄宗的女婿，自然而然地跟文士的交往较密。天宝九载（750），杜甫三十九岁的时候，给张垍写了一首诗《赠翰林张四学士垍》:“翰林逼华盖，鲸力破沧溟。天上张公子，宫中汉客星。”他在诗中盛赞张垍，将其比作是皇宫里边的文曲星，从而希望张垍能够提携自己，并说自己的未来全靠他的提拔了。

在四年之后的天宝十三载（754），杜甫又写了一首诗《奉赠太常张卿垍二十韵》，诗中说:“吹嘘人所羡，腾跃事仍睽。碧海真难涉，青云不可梯。顾深惭锻炼，才小辱提携。”在这首诗中，杜甫非常高兴地回忆了张垍对自己的帮助，但是，自己却没有足够的能力把握好这次机会，辜负了张垍的提携。从这首诗来看，张垍肯定答应了杜甫要求提携的请求，并不遗余力地为杜甫的提拔而鼓吹了一番。究竟是什么事情、什么机遇使得贵为皇帝女婿的张垍这样为杜甫尽力呢？

这个事情还得从头说起。天宝九载（750），唐玄宗在华清宫过冬，有个道士王玄翼来见玄宗，说他见到玄元皇帝老子了，而且在一个宝仙洞中发现了《妙宝真符》。此时唐玄宗已年近七十，终日迷恋于长生不老之术，对道教非常感兴趣。对于这个道士这一套明显的骗人把戏，唐玄宗竟然完全相信，还派了一个大臣去那个宝仙洞中寻找所谓的《妙宝真符》。

此次玄宗所派之大臣正是张垍的大哥张均，时任刑部尚书，相当于今天的司法部部长。很快，张均就找到了那本《妙宝真符》，这件事情令玄宗非常高兴。于是，拍马屁的大臣们纷纷向玄宗表示祝贺，李林甫甚至愿意将自己的住宅捐献出来给那些道士，以便让皇帝长寿。玄宗也觉得这不是一件小事，于是准备在长安的南郊举行大型的祭祀活动。玄宗将太清宫与太庙的祭祀活动放在一起举行。太清宫是供奉老子的场所，太庙是供奉李唐王朝祖先的地方，这种混合祭祀的方式其实并不符合封建祭祀典礼的常规，不过这对于渴望长生不老的玄宗来说，也未尝不是一次祭奠形式的改革。

在这一形势下，杜甫挥笔写就了三篇吹捧玄宗祭祀活动的大赋，分别是《朝献太清宫赋》《朝享太庙赋》《有事于南郊赋》，杜甫将这些赋投在延恩匭中。延恩匭设置于武后时期，据《资治通鉴》记载："太后命铸铜为匭，置之朝堂，以受天下表疏铭。其东曰'延恩'，献赋颂、求仕进者投之；南曰'招谏'，言朝政得失者投之；西曰'伸冤'，有冤抑者投之；北曰'通玄'，言天象灾变及军机秘计者投之。命正谏、补阙、拾遗一人掌之，先责识官，乃听投表疏。"说白了就是在朝堂的东西南北放置四个大铜匣子，东边的匣子叫做"延恩"，进献赋颂，是求官者投的；南边的匣子叫做"招谏"，是谈论朝政得失者投的；西边的叫做"伸冤"，是有冤情者投的；北边的叫做"通玄"，是谈论天象灾变军机密要者投的。按照规定，杜甫将这三篇赋投放到东边的延恩匭里。

实际上，这三篇赋仅仅是称颂皇帝祭奠太清宫、太庙的歌功颂德的陈词滥调，但是，对于杜甫来说，这次的写作有着非常明确的目的，就是要引起皇帝的重视，以期能谋求到一官半职。杜甫的三篇赋进献得非常是时候，他出色的文学才华为玄宗的祭奠活动增添了光彩，玄宗看后非常高兴，史书上记载："帝奇之，使待制集贤院，命宰相试文章。"（《新唐书·杜甫传》）意思是说，玄宗看了杜甫的这三篇文章后，觉得这个人是个奇才，于是让杜甫在集贤殿书院听候差遣，并让宰相再出题目测试杜甫的文章能力。关于这件事情，杜甫在两首诗中有所记录。

其一是《莫相疑行》（节选）：

忆献三赋蓬莱宫，自怪一日声辉赫。
集贤学士如堵墙，观我落笔中书堂。
往时文彩动人主，此日饥寒趋路旁。

其二是《奉留赠集贤院崔于二学士》：

昭代将垂白，途穷乃叫阍。气冲星象表，词感帝王尊。天老书题目，春官验讨论。倚风遗鶂路，随水到龙门。竟与蛟螭杂，空闻燕雀喧。青冥犹契阔，陵厉不飞翻。儒术诚难起，家声庶已存。故山多药物，胜概忆桃源。欲整还乡旆，长怀禁掖垣。谬称三赋在，难述二公恩。

根据诗歌记述的情况以及《新唐书》上的相关记载，我们可以大致还原杜甫从进献三大赋到接受文章考试的整个过程：杜甫献上的三篇大赋得到了当时朝廷文士的一致称赞，一时声名煊赫。于是根据皇帝的指示，宰相在他们的办公室政事堂考查杜甫的文章水平。集贤院的众位学士们也都参与其事，或者是监考，或者是要品评文章。获得这些非同寻常的礼遇，杜甫这次直接干谒玄宗的行为可以说是非常成功的。按理说，杜甫文才如此之高，还得到皇帝的赏识，在这场特殊的测试中又表现出色，走向政治的前台似乎是再自然不过的事了，平步青云的理想似乎很快就要实现了。

可是，最后杜甫却等来了一个大失所望的结果。虽然他的三大礼赋得到了皇帝的称赞，但只获得“送隶有司，参列选序”（《进封西岳赋表并序》）。换句话说，就是给了杜甫一个在政府人事部门备案候选官员的机会，但也仅仅是在人事部门备案而已，并不马上兑现，不知何日才能有出人头地的机会。正如杜甫于诗中所言，此次应试失败，全因受到如“燕雀”般小人的妄议造成。

这对于杜甫当然又是一个很大的打击。但究竟是什么原因造成这样的结果？没有直接的证据指向某一个破坏者，但是我们可以进行合理的推测。也许，问题就出在两个宰相身上，因为这场特殊的考试出题者与主持者其实就是李林甫与陈希烈，而实际当权者是李林甫。

我们推测，杜甫早在天宝六载（747）参加的那一次制举考试，就因为李林甫的阴谋策划而落选，这一次杜甫再次得到皇帝恩泽前来应试，如果真让他得中登科，那李林甫不是在抡起巴掌打自己的脸吗？先前他报告皇帝说“野无遗贤”，这会儿乡野中的遗贤怎么又跑出来了？到底有没有遗漏的贤能之士啊？这或许是其中一个原因。尽管对于杜甫来讲，他求取功名的心情是非常急切的，可是对李林甫来讲，这可能算是一个不大不小的政治问题，他必须跟上一次的决定尽可能保持一致。不过，这也仅仅是我们根据史料做的一个推测。

有人也许会说，是不是杜甫在文章中得罪了李林甫？其实不但没有得罪，杜甫在三大赋中还大费力气地夸赞李林甫、陈希烈，他说这两位宰相在祭奠的过程中为玄宗致上颂辞：“二丞相进曰：‘陛下应道而作，惟天与能。浇讹散，淳朴登，尚犹日慎业业，孝思烝烝，恐一物之失所，惧先王之咎徵。如此之勤恤匪懈，是百姓何以报夫元首？在臣等何以充其股肱！且如周宣之教亲不暇，孝武之淫祀相仍；诸侯敢于迫胁，方士奋其威稜。一则以微弱内侮，一则以轻举虚凭。又非陛下恢廓绪业，其琐细亦曷足称？’”在杜甫的笔下，这两位宰相的仪态是多么的雍容大度，他们的言辞是何等的恳切得体！虽然整个大赋都在称颂皇帝，可是，杜甫也没有忘记提及宰辅之臣的巨大功劳。应当说，杜甫写这三篇礼赋是经过周密思考的，顾及了从皇帝到大臣所有人的心理，文章中不可能有任何攻击或者不利于两位宰相的地方，而杜甫也与他们个人之间不存在任何的矛盾。所以，我们可以推测，李林甫不录取杜甫，并非是杜甫文辞方面出了问题，而是由于李林甫有着自己的政治目的。

事实上，玄宗对于这次的考核也并不是十分重视，因为杜甫只是凭借三篇大赋而得到玄宗的赏识，也只是因为文辞的原因才安排了这次考核。即使杜甫此次真的获得皇帝的赏识，说不定下场也跟李白一样，做一个以诗文陪侍皇上的角色。毕竟，此次玄宗想要选拔的并非是与帝国发展息息相关的军事政治方面的人才，所以并未亲自主持选拔，而是交由宰相办理，至于怎么办，又将会是什么结果，这些对于唐玄宗来讲可能并不重要。李林甫等人没有录取杜甫，但必须给唐玄宗一个交代，所以就转个弯子，将杜甫的有关情况、档案记录在案，说是等有机会再给杜甫安排官职，在玄宗那里也算应付过去了。这次“再降恩泽”的机会，就这样又从杜甫身边掠过了。

不过，对于杜甫来讲，他毕竟拥有了一次“文彩动人主”的机会，直接让玄宗认识了自己。但为何杜甫这次进献三大赋的时机能把握得如此恰到好处，不早不晚，恰恰在玄宗准备祭祀大典的时候呢？由此我们可以想见，杜甫的背后一定有高人指点，如果真有高人，又会是谁呢？其中张垍的可能性最大，因为他的大哥就是直接参与这次皇帝祭奠大礼的官员，而且当时要给延恩匭中投献相关文书的话，还要官员作保，“先责识官，乃听投表疏”，谁给杜甫作保？很有可能也是张垍。杜甫这次在长安上书皇帝的举动，谋划得相当周密，又受到了重要人物的协助，只可惜撞上了李林甫这么个克星。

但是，这次经历却也成为杜甫一生追忆的光辉往事。他在后来的诗文中说自己曾经“气冲星象表，词感帝王尊”（《奉留赠集贤院崔于二学士》），也说自己“彩笔昔曾干气象”，总之这次直面帝王的经历成为杜甫人生中永远的骄傲。

干谒求进　青云难上

科举考试不中，制举考试落选，皇帝亲自指命的特殊测试又不行。接连遭受打击的杜甫，是继续干谒权贵，还是从此一蹶不振呢？

杜甫并没有气馁，三年后他又进献了《封西岳赋》，请求玄宗封禅祭祀西岳华山。唐玄宗生于乙酉年，即武后垂拱元年（685）。西主西，而华山为西岳之尊，所以是唐玄宗的本命之山。正因这种非常特殊的关系，华山在五岳中占有突出的地位。唐玄宗将华岳山神封为金天王，并立了一座高五十余尺的碑。后来甚至开凿险路，准备前往华山封禅，只是因为西岳庙发生火灾才作罢。杜甫上《封西岳赋》就是要玄宗去封禅华山。他在这篇赋中说："维岳，授陛下元弼，克生司空。"元弼即辅佐皇帝的宰辅大臣，司空说得更加具体了，指的就是当时担任宰相、司空的杨国忠。其实封禅华山与杨国忠并没有什么关系，杜甫写《封西岳赋》的根本目的也不是真的要让玄宗封禅华山，而是要有一个事由引起皇帝对自己的注意。如果能引起宰相的注意不也很好吗？所以杜甫捎带地对杨国忠做了一番吹捧。

此次杜甫仍将《封西岳赋》投入延恩匭中。当时掌管延恩匭的官员叫做田澄，杜甫给他写了一首诗，诗中有两句："扬雄更有河东赋，惟待吹嘘送上天！"（《赠献纳使起居田舍人》）意思是说，就连扬雄这样的旷世文才，也需要借助他人的吹嘘才能够平步青云。由此便可想见，杜甫在经历了几次政治失败之后，随着年岁日增，求官之心愈切，竟连一些不宜明说的话都说出来了。但是这次进献《封西岳赋》没有任何回音，杜甫也没有得到再承恩泽的际遇。

《封西岳赋》没有受到玄宗的重视，杜甫只能继续努力，他极力称颂杨国忠，讨好巴结杨国忠的一些心腹人物，比如当时担任京兆尹的鲜于仲通。这位相当于首都市长的官员，先前杨国忠落难四川的时候，曾经救济过他，算是杨国忠的恩人。杨国忠发达后就提携鲜于仲通，把他引为心腹。杜甫在写给鲜于仲通的《奉赠鲜于京兆二十韵》诗中说："破胆遭前政，阴谋独秉钧。微生沾忌刻，万事益酸辛。交合丹青地，恩倾雨露辰。有儒愁饿死，早晚报平津。"杨国忠与李林甫矛盾很深，他平时最怕的人就是李林甫，在李林甫面前，常吓得汗流浃背。杜甫写这首诗的时候，李林甫已死，杨国忠担任了宰相，他诬告李林甫曾经谋反，于是朝廷追夺了李林甫的官爵，将他的子孙削官流放，而鲜于仲通得到主子杨国忠的提拔，正着手为杨国忠立碑刻颂。杜甫在这个时候给鲜于仲通献上这样一首诗，在诗中将对李林甫的长期不满竹筒倒豆子——一下子全都倾泻出来了，足见他此时急功近利的心情。

杜甫这段干谒权贵的经历遭到了后世许多的质疑。有不少人因为杜甫向张垍求助，在诗文中称颂李林甫、陈希烈、杨国忠等人品欠佳的权贵，就责难诗人没有政治原则，甚至丧失了人格操守。其实这里面有些问题，就像闻一多先生曾经分析过的，李林甫与杨国忠都不是历史上的贤相，李林甫的坏处在生前死后都非常明显，杨国忠也不例外，况且李林甫与杨国忠的矛盾斗争早就昭然天下，难道杜甫对此真是视而不见吗？当然不是。可是对于杜甫来讲，也是别无选择。他所钟爱的帝国正被操纵在这样一群人手中，他若想实现自己济国安民的理想，首先需要得到封建统治集团的认可，得到当权者的接纳。因此，与其说是杜甫谄媚于这些权贵，不如说是杜甫为了追求理想而在人格上做出屈服，这种屈服不是杜甫自己可以选择的，而是在封建时代下，一个有着报国之志的文人不得已而做出的选择，因为在他的心中始终闪耀着理想的光芒。翻开杜甫的诗集，我们看到他一边给鲜于仲通写无比谄媚的诗篇，一边又在抨击杨国忠等人穷兵黩武、杨氏兄妹骄奢淫逸的生活，写出了著名的《兵车行》《丽人行》，而这些诗篇才是诗人的本色。

天宝年间，玄宗好大喜功和文臣武将邀功请赏的心理致使朝廷轻动干戈，在缺乏战略考虑的情况下战争多次失败，使帝国蒙羞的同时也给人民带来了深重的灾难。这些严酷的现实汇聚到诗人的笔下，就成为饱含悲愤的忧国悯民的作品。南诏是唐代西南地区的一个地方政权，天宝九载（750），杨国忠推荐鲜于仲通为剑南节度使。鲜于仲通专横粗暴，大失人心，还凌辱南诏王阁罗凤。天宝十载（751），又主动挑起战事。《资治通鉴》载杨国忠让“剑南节度使鲜于仲通讨南诏蛮，大败于泸南。……进军至西洱河，与阁罗凤战，军大败，士卒死者六万人，仲通仅以身免。杨国忠掩其败状，仍叙其战功。阁罗凤敛战尸，筑为京观，遂北臣于吐蕃”。在惨败的形势之下，杨国忠仍继续发动战争以邀功，遂“制大募两京及河南、北兵以击南诏；人闻云南多瘴疠，未战士卒死者什八九，莫肯应募。杨国忠遣御史分道捕人，连枷送诣军所。旧制，百姓有勋者免征役，时调兵既多，国忠奏先取高勋。于是行者愁怨，父母妻子送之，所在哭声振野”。杜甫著名的《兵车行》即对这一事件作了注脚：

车辚辚，马萧萧，行人弓箭各在腰。爷娘妻子走相送，尘埃不见咸阳桥。牵衣顿足拦道哭，哭声直上干云霄。道旁过者问行人，行人但云点行频。或从十五北防河，便至四十西营田。去时里正与裹头，归来头白还戍边。边庭流血成海水，武皇开边意未已。君不闻汉家山东二百州，千村万落生荆杞。纵有健妇把锄犁，禾生陇亩无东西。况复秦兵耐苦战，被驱不异犬与鸡。长者虽有问，役夫敢申恨？且如今年冬，未休关西卒。县官急索租，租税从何出？信知生男恶，反是生女好。生女犹得嫁比邻，生男埋没随百草。君不见青海头，古来白骨无人收。新鬼烦冤旧鬼哭，天阴雨湿声啾啾。

这是一首讽世伤时之作，也是杜诗中的名篇，批判了唐玄宗穷兵黩武、好大喜功的政策。诗歌从震人心弦的送别图入手，进而描述了成千上万个家庭妻离子散的悲惨画面。诗歌指出，战争让男子外出打仗而导致土地荒废，农业经济破产。这直接显示了战争对社会经济的摧残和对人民生活的破坏，显然是不得人心的。这一切都缘于“武皇开边意未已”这一深层原因。全诗把唐王朝穷兵黩武的罪恶揭露得淋漓尽致，表现了诗人深深的悲愤之情。作品寓情于叙事之中，将对时事的针砭以叙述的方式表现出来，是诗人冷眼看世界的一种态度，也是诗人的一种审美态度。

《丽人行》作于天宝十二载（753）春，是杨国忠任宰相的第二年。诗云：“就中云幕椒房亲，赐名大国虢与秦。……黄门飞鞚不动尘，御厨络绎送八珍。……杨花雪落覆白蘋，青鸟飞去衔红巾。炙手可热势绝伦，慎莫近前丞相嗔！”浦起龙在《读杜心解》中品评此诗“无一刺讥语，描摹处，语语刺讥。无一慨叹声，点逗处，声声慨叹”，这首诗确实写出了上层贵族骄奢淫逸之颓风，批判了杨贵妃兄妹奢侈淫乱的生活，批判的矛头甚至也指向唐玄宗，对其宠爱杨国忠兄妹、追求奢豪淫靡的生活而导致弊政进行了严厉的抨击。

可见，杜甫为了做官也有仰人鼻息的时候，有各种各样非常功利的举动，有时候还有些猥琐。但是，在关乎国计民生的原则问题上，杜甫是从来不让步的。他一方面用诗笔向权贵谦卑地表达着自己的愿望，另一方面又刻画着种种黑暗的社会现实。他固然写了那些阿谀汲引的诗歌，但对于那些权贵而言，又怎么能够容忍一个抨击他们的诗人任职为官呢？这就是杜甫的现实性与理想性，他就是在这当中痛苦地矛盾着，干谒的权贵又正是他要抨击的权贵，他想要跻身的官场却正在迅速地腐化堕落，他朝思暮想的理想正在现实中离他越来越远，而自己却还不得不在这污浊的官场之上寻寻觅觅，期望获得一官半职，这样的痛苦对于杜甫这样的诗人来说真是残酷无情。

当然，杜甫也有杜甫的缺点，比如在他进献《封西岳赋》的同时，即天宝十三载（754），陈希烈被罢黜了宰相的职务，担任太子太师，虽然是个没有什么行政权力的荣誉职衔，但仍官居一品，在朝廷中也有一定的影响力。韦见素经由杨国忠推荐，被任命为宰相。

杨国忠之所以推荐韦见素，是因为这个人性情柔顺，易于控制。杜甫在韦见素刚刚坐上宰相位置的时候，便给他写了一首诗《上韦左相二十韵》，诗中说："沙汰江河浊，调和鼎鼐新。"这两句诗的意思是说朝廷革除陈希烈宰相之职，是明智之举，他希望韦见素进入朝廷之后能够秉持新政。这显然暴露了杜甫性格的弱点，史书上说他"性褊躁""性褊躁傲诞"，可能就是说他的性格当中有急躁、小心眼儿的成分，而且还有一点儿放诞不羁的狂士风范。

当初李林甫、陈希烈在位的时候，他写三大礼赋，并在赋中称颂这两位宰相。李林甫倒台之后，鲜于仲通上台，他又开始痛斥李林甫。接着陈希烈不做宰相了，他又在给新宰相的诗中数落前任宰相的不是。这一方面可以看出杜甫看到新希望后的急切心情，同时也反映了他极度缺乏政治智慧。诗人的性格反映在政治上，就显得非常幼稚天真，在这点上他跟李白有共通的地方，他要把自己不得志的压抑全都发泄出来。但是，杜甫没有考虑到，你如此公开地抨击前任宰相，后任宰相又怎么会任用你？即便韦见素心中对杜甫没产生反感，也可能会因避嫌而不起用杜甫。

不过，杜甫与权贵的交往也并非全都带有功利性，其中也包含有浓厚的人情味。杜甫的不得志，可以说与李林甫有着直接的关系，但是杜甫与李林甫的女婿杜位的交往却比较深入。杜位是杜甫的同族堂弟，做过考功郎中、湖州刺史。杜甫在《杜位宅守岁》一诗中写了在杜位家中守岁过春节的经历：

守岁阿戎家，椒盘已颂花。
盍簪喧枥马，列炬散林鸦。
四十明朝过，飞腾暮景斜。
谁能更拘束，烂醉是生涯。

诗的最后两句很有意思，说那些趋炎附势之人在杜位的面前不免点头哈腰，一副拘束不堪的样子，而自己却不受任何约束，只管喝得烂醉而已。在杜甫看来，这种任性自由的生活正是自己应当有的人生。在这种描述中，我们可以看出来，杜甫的确曾是杜位的座上客，也许他不止一次在杜位家中守岁过年。同时，也能感受到杜甫与堂弟的亲密关系，这种浓浓的亲情也是人生中一种难得的情感。

李林甫死后，朝廷削夺了他的官爵荣誉，家族子孙当中有官位的人也被贬至岭南或者黔中。杜位当然没能逃脱贬谪的命运，被流放岭南长达十年。如果杜甫只是一味地想交往权贵，那他就会非常势利地疏远杜位，但他没有这样做。在杜位被流放十年后遇大赦得以返回故里时，杜甫给他写了一首情意绵绵的诗：

近闻宽法离新州，想见怀归尚百忧。
逐客虽皆万里去，悲君已是十年流。
干戈况复尘随眼，鬓发还应雪满头。
玉垒题书心绪乱，何时更得曲江游。

杜甫虽然也与小人、奸佞之人打交道，但他并不因此而沉沦堕落，同流合污，而是从黑暗的现实人生中感悟出光明理想的可贵，在功利世俗的社会中感受着人性的淳美。而且，美好的人情在他这里越来越淳厚，他对理想的坚持也越来越执着，他用自己的方式不断暴露黑暗的现实、黑暗的朝政，不断地反思自己的人生。他深入黑暗现实越深，头脑就越清醒；他的头脑越清醒，对现实人生的抨击就越深刻。他作诗文可谓是世事洞明，人情练达。但是他依然保持着火热的理想主义激情，总希望以开元盛世的理想主义火焰照亮这黑暗的现实，这就是杜甫最可贵的地方。否则，一个没有理想的人就是抨击黑暗，最后也只能沦为一种自然主义的描写，那就缺少感动人心的力量了。

圣朝贱士　长安苦寒

在长安求官的这段曲折经历，只是杜甫漫长而坎坷的人生经历的开始。在长安求官的这段时期，杜甫在兖州担任县令的父亲已经去世，而显赫的祖先只能提供精神上的慰藉，不能提供物质上的帮助。此时的杜甫，几乎完全失去了经济来源。奔波于洛阳与长安之间的他，该如何面对生活的压力？他的求官之路将何去何从？

杜甫在长安求官，整天看人脸色，仰人鼻息，日子过得艰难而失落。他在一首诗中说自己："朝扣富儿门，暮随肥马尘。残杯与冷炙，到处潜悲辛。"（《奉赠韦左丞丈二十二韵》）由此可以看出诗人在世态炎凉中孤独无助的心情，以及活在高门望族、纨绔子弟奚落白眼中的难堪境遇，表达的是诗人在长安这个唐朝最大名利场中饱受挤压的精神状态。他写的虽然是自身的情况，却使我们看到了盛唐气象中一个黑暗的角落，一个不为人注意的角落。如果说盛唐气象是一个大红苹果，那么这个角落就是一个不大起眼儿的小小的溃烂，当"李白们"的目光都集中在苹果鲜亮的表面，为它而欢呼雀跃的时候，杜甫对这个溃烂部位发出的悲叹，已经开始预示唐代知识分子命运的转变。

不过，这只代表了杜甫当时一种真实的精神状态，而对于生活状态的描写自然有其文学夸饰的成分。他显然不可能如乞丐一般潦倒到要饭的程度。事实上，四处干谒拜访权贵的杜甫与上层人物的交往比较频繁，因此也频繁地涉入上层社会的生活。从他的许多诗歌中看得出来，他与皇子、驸马、将军、贵公子等有很深入的交往。在这种交往中，不免也沾染一些纵博豪赌、狂饮醉欢的生活习气，不免也表露出倾慕富贵荣华、悲叹身世寥落的情怀。这对于一个生活在盛世中的诗人来讲，应该是很自然的事情，包括他对自己生活境况的描述虽然有现实主义的意义，同时也未尝不是为了获得权贵们的同情，从而能给自己一官半职。

现在我们来看看杜甫真正的生活状况。事实上，从天宝三、四载一直到天宝十三载（754），杜甫虽然大多数时间在长安求官，但是由于他的家还在洛阳，所以常常奔走于两京之间。他在一些诗中记录了这期间窘困的家庭生活，他在《投简成、华两县诸子》诗中写道：

> 赤县官曹拥材杰，软裘快马当冰雪。长安苦寒谁独悲，杜陵野老骨欲折。南山豆苗早荒秽，青门瓜地新冻裂。乡里儿童项领成，朝廷故旧礼数绝。自然弃掷与时异，况乃疏顽临事拙。饥卧动即向一旬，敝衣何啻联百结。君不见空墙日色晚，此老无声泪垂血。

此诗约作于天宝十载（751）冬天，从诗中可以看出杜甫生活的苦况。他不但因屡试不第、报国无门而心中充满郁恨，此时的生计问题也成了燃眉之急。由“南山豆苗早荒秽，青门瓜地新冻裂”，可知当时的杜甫不但苦寒，而且苦饥。那些官僚不把他放在眼里，亲友也跟他断了来往。杜甫饥寒切身，无可诉说，只能默默泣血而已。

天宝十三载（754）春天，杜甫将全家从洛阳迁到了长安南城的下杜城。诗人一家的生活看来的确已经陷入困境，开始沦入排队购买朝廷下拨的减价太仓米的行列。根据史书的记载，玄宗天宝十二载（753）八月，长安城中连月下大雨，米价非常昂贵，朝廷于是开仓向穷人出售减价米，为了防止多买或者投机分子捣鬼，规定每天只能买五升米。只有真正的穷人才会每天不厌其烦地排队买这么一点儿米。不过就是这么一点儿米，杜甫还要拿出其中的一部分换酒喝。也许是因为诗人的内心非常痛苦，只有喝点酒才可以暂时忘掉那些不愉快的事情，可以暂时麻醉一下自己的神经。他在《醉时歌》（又名《赠广文馆博士郑虔》）一诗中记录了这段悲惨的经历：

……杜陵野客人更嗤，被褐短窄鬓如丝。日籴太仓五升米，时赴郑老同襟期。得钱即相觅，沽酒不复疑。忘形到尔汝，痛饮真吾师。清夜沉沉动春酌，灯前细雨檐花落。但觉高歌有鬼神，焉知饿死填沟壑。相如逸才亲涤器，子云识字终投阁。先生早赋归去来，石田茅屋荒苍苔。儒术于我何有哉？孔丘盗跖俱尘埃。不须闻此意惨怆，生前相遇且衔杯。

诗人也确实被漫长的等待与窘困的生活逼急了，不然何以说出“儒术于我何有哉？孔丘盗跖俱尘埃”的激愤之辞！

下杜城是杜氏家族聚居的地方，杜甫本以为与族人聚居或多或少可以得到些庇荫与照顾，但事与愿违，只因杜甫是个新来的远房外来户，又缺乏背景，难免受到族人的慢待。他在《示从孙济》中写道：

平明跨驴出，未知适谁门。权门多噂沓，且复寻诸孙。诸孙贫无事，宅舍如荒村。堂前自生竹，堂后自生萱。萱草秋已死，竹枝霜不蕃。淘米少汲水，汲多井水浑。刈葵莫放手，放手伤葵根。阿翁懒惰久，觉儿行步奔。所来为宗族，亦不为盘飧。小人利口实，薄俗难可论。勿受外嫌猜，同姓古所敦。

此诗记载了杜甫与族人交往的一件小事。有一次，他去一个同宗从孙杜济的家中作客，杜济后来虽然做过京兆尹，但当时的家境并不宽裕。杜甫来杜济家前并未事先通知，杜济也没想到会有个同宗从祖父突然来家里拜访，碍于情面，只好勉强招待他。杜甫从他“汲水”“刈葵”等等的言行举止中敏感地觉察出杜济的不满情绪，于是便对杜济说，我来你这里不过是同宗同族走动走动，并非是由于穷困而来混一顿饭吃，希望你不要听那些小人挑拨是非，同宗同姓之间应当和睦相处才对啊！《示从孙济》一诗就像是一篇小小说，一篇微型纪实小说，记录了杜甫当时穷愁潦倒、投靠无门，却又遍尝浇薄世情的郁恨与无奈。

科举的冤屈，仕途的坎坷，权贵的冷眼，生活的艰难，世态的炎凉，同宗的误解，使得杜甫对艰难世事的认识更加深刻，同时也特别感动于生活中些微的温情关怀。比如有一个年轻朋友叫王倚，家里并不富裕，与杜甫也谈不上深交，但见杜甫来访时脸色非常不好，一问才知道杜甫已患疟疾三个多月。于是，王倚赶紧打发人去赊借好米，让妻子亲自下厨准备饭菜，沽酒割鲜竭尽所能招待杜甫，为他补充营养。这件事情被杜甫写在了《病后遇过王倚饮赠歌》一诗中：

> 麟角凤觜世莫识，煎胶续弦奇自见。尚看王生抱此怀，在于甫也何由羡。且遇王生慰畴昔，素知贱子甘贫贱。酷见冻馁不足耻，多病沉年苦无健。王生怪我颜色恶，答云伏枕艰难遍。疟疠三秋孰可忍，寒热百日相交战。头白眼暗坐有胝，肉黄皮皱命如线。惟生哀我未平复，为我力致美肴膳。遣人向市赊香粳，唤妇出房亲自馔。长安冬菹酸且绿，金城土酥静如练。兼求富豪且割鲜，密沽斗酒谐终宴。故人情义晚谁似，令我手足轻欲漩。老马为驹信不虚，当时得意况深眷。但使残年饱吃饭，只愿无事常相见。

来了客人买酒买肉好好招待，这是人之常情，本算不了什么，

丁酉夏
康震

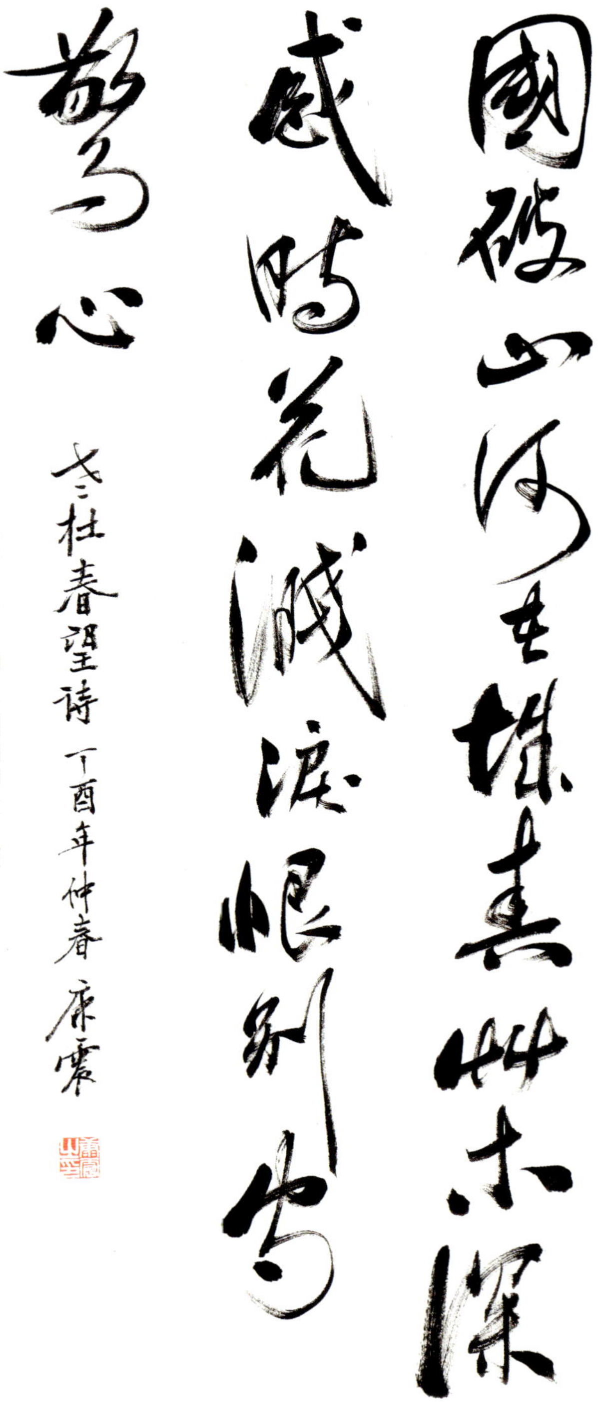
國破山河在
城春草木深
感時花濺淚
恨別鳥驚心
老杜春望詩 丁酉年仲春 康震

但对杜甫来讲，却被感动得掉下眼泪，这是因为杜甫在经历了仕途上那么多的磨难，看尽了各种脸色，甚至于受到了同族之间的歧视之后，面对这个虽非素昧平生，但也并无深交的年轻人对他的一点关心，他都会深感温暖，而且感触良深，把这种关心看作是一个很大的恩情。

杜甫的诗被称作诗史，一方面是指那些记录重大历史事件的宏大叙事的诗，另一方面，也可以理解为对寻常生活的忠实记录。事实上，我们对于唐代社会生活的了解往往就是从这些生活的细微记录中获得的，这是微观的历史。所以，诗史的精神不仅仅体现于宏大的叙事中，同时也体现于微观的记录中。如《秋雨叹三首》其二：

阑风伏雨秋纷纷，四海八荒同一云。
去马来牛不复辨，浊泾清渭何当分。
禾头生耳黍穗黑，农夫田父无消息。
城中斗米换衾裯，相许宁论两相直？

这首诗作于天宝十三载（754）。据《旧唐书·玄宗本纪》记载："（十三载）是秋，霖雨积六十余日，京城垣屋颓坏殆尽，……漂没一十九坊。"连下了两个月的秋雨，百川皆盈，以至于牛马不辨、浊清难分。俗谚说"秋雨甲子，禾头生耳"，即庄稼遭雨后禾头长出卷曲如耳形的芽蘖，而且黍不耐雨，故穗黑将烂。据《资治通鉴》记载："上（玄宗）忧雨伤稼，国忠取禾之善者献之，曰：'雨虽多，不害稼也。'上以为然。扶风太守房琯（guǎn）言所部水灾，国忠使御史推之。是岁，天下无敢言灾者。"连年灾害，民生艰苦，玄宗却浑然不知，宰相杨国忠还将饱满的麦穗拿给玄宗看，说天虽下大雨，但是庄稼还是很好的。当时，也有人反映水灾的情况，却遭到了杨国忠的迫害。久而久之，在杨国忠大权独揽的情况下，几乎没有人可以把自己的意见表达给玄宗了。当时的灾情如此严重，而无人敢言，故杜甫有“无消息”之叹。鉴于涝灾严重，玄宗虽下令开仓赈灾，但当时的贪吏徇私舞弊，奸商囤积居奇，物价暴贵，“城中斗米换衾裯”。人民在无可选择之下，除在心中质疑“相许宁论两相直”外，也只能认命。而玄宗虽然昏聩，但有时候也会觉得不对劲儿。有一次，他对高力士说：淫雨霏霏下个不停，有什么不好的情况你尽管说。高力士回答道：自从您将大权交给宰相，赏罚没有法度，奸人当道，我还敢说什么呢？七十岁的玄宗听后很惭愧，但似乎也不能发出强有力的声音了。

此时，玄宗已经破坏了纳谏的传统，而且从李林甫、杨国忠开始已经从客观上造成了大权旁落的局面，而此时的朝廷也已经积重难返。以玄宗的政治头脑，未尝不知道这个利害，可是形势发展往往不以皇帝的意志为转移。当初将权力交给李林甫、杨国忠容易，现在若要收回也不是不能实现，可是，国家的现状已经经不起大的动荡了，在政治经济秩序混乱的情况下，要转变走上正轨，谈何容易！所以玄宗只能得过且过，装聋作哑，尽力地保持着当下的平静。在这样的政治、经济局面下，受害最深的肯定是广大的人民，当权者一定会将国家的灾难转嫁给百姓，杜甫也将成为政局衰败的受害者之一。

率府逍遥　微禄耽酒

生活困顿的杜甫度日如年，没有办法的他最后只得选择搬家。天宝十四载（755），四十四岁的杜甫离开了下杜城，带着妻子儿女流落到距离长安城二百四十里的奉先，也就是今天的陕西蒲城。奉先令姓杨，与杜甫的夫人杨氏有亲戚关系，一家人能够暂时寄宿在县衙的公舍里。诗人在《桥陵诗三十韵因呈县内诸官》中写道：“诸生旧短褐，旅泛一浮萍。荒岁儿女瘦，暮途涕泗零。主人念老马，廨署容秋萤。流寓理岂惬，穷愁醉未醒。何当摆俗累，浩荡乘沧溟。”

同年十月，杜甫回到长安，等来了一个很低的职位——河西尉，从九品，是唐代品级最低的官职。唐代的官职分为不同品级，品级中又分正品、从品，然后再分上下等。比如八品，就有正八品上、正八品下、从八品上、从八品下四个级别。河西即现在陕西合阳一带，杜甫所担任的官职相当于合阳这个小县城的办公室主任，这与杜甫“致君尧舜上，再使风俗淳”（《奉赠韦左丞丈二十二韵》）的政治理想显然差距太大。杜甫在长安风尘仆仆，求了十年，等了十年，却等来了这样一个非常低的职位，这对于诗人来说太残酷了！若是李白，一定会转身走掉，因为这简直是对自己人生理想的讽刺。可是，“奉儒守官”的杜甫不会这么做，面对这个颇有些反讽意味的职务，他虽然拒绝了，但依然留在长安等待下一个机会。不久，他接受了右卫率府胄曹参军的职务，即太子卫戍仪仗部队中的参谋属官，具体职责就是管理兵甲器仗。相较于“河西尉”，这是个稍好的官职，属从八品下，职位稍高一点儿，而且是在长安城中任职，较为体面，官俸也较高，这对于诗人而言多少是个安慰。他给自己写了一首自我解嘲的诗《官定后戏赠》：

> 不作河西尉，凄凉为折腰。
> 老夫怕趋走，率府且逍遥。
> 耽酒须微禄，狂歌托圣朝。
> 故山归兴尽，回首向风飙。

他说自己“不作河西尉”，是因为河西尉一天到晚迎来送往，看上级官员的脸色。同时，河西尉也要负责一个地方的税收，盘剥老百姓。高适在被任命为相似职位时也曾说过“拜迎官长心欲碎，鞭挞黎庶令人悲”（《封丘县》）。而右卫率府胄曹参军这一职位在杜甫看来，毕竟是在京城里做官，而且比较清闲，他打趣说居此职位所得的俸禄可以满足自己喝酒的愿望了。

任职当年的十一月，杜甫离开长安回奉先探望妻子儿女。没想到在回家的路上，唐王朝发生了一场惊天动地的大地震：安禄山在范阳起兵反唐，安史之乱爆发了！根据史书的记载，安禄山在范阳起兵的时间是十一月九日，消息传到长安，玄宗甚至不相信，直到十一月十五日，玄宗才确证消息确凿，他召集宰相紧急商议对策。杜甫将自己回家途中的经历写入了《自京赴奉先县咏怀五百字》一诗中。

杜陵有布衣，老大意转拙。许身一何愚，窃比稷与契。居然成濩落，白首甘契阔。盖棺事则已，此志常觊豁。穷年忧黎元，叹息肠内热。取笑同学翁，浩歌弥激烈。非无江海志，萧洒送日月。生逢尧舜君，不忍便永诀。当今廊庙具，构厦岂云缺？葵藿倾太阳，物性固莫夺。顾惟蝼蚁辈，但自求其穴。胡为慕大鲸，辄拟偃溟渤？以兹悟生理，独耻事干谒。兀兀遂至今，忍为尘埃没。终愧巢与由，未能易其节。沉饮聊自适，放歌颇愁绝。岁暮百草零，疾风高冈裂。天衢阴峥嵘，客子中夜发。霜严衣带断，指直不得结。凌晨过骊山，御榻在嵽嵲。蚩尤塞寒空，蹴蹋崖谷滑。瑶池气郁律，羽林相摩戛。君臣留欢娱，乐动殷樛嶱。赐浴皆长缨，与宴非短褐。彤庭所分帛，本自寒女出。鞭挞其夫家，聚敛贡城阙。圣人筐篚恩，实欲邦国活。臣如忽至理，君岂弃此物。多士盈朝廷，仁者宜战慄。况闻内金盘，尽在卫霍室。中堂舞神仙，烟雾散玉质。暖客貂鼠裘，悲管逐清瑟。劝客驼蹄羹，霜橙压香橘。朱门酒肉臭，路有冻死骨。荣枯咫尺异，惆怅难再述。北辕就泾渭，官渡又改辙。群冰从西下，极目高崒兀。疑是崆峒来，恐触天柱折。河梁幸未拆，枝撑声窸窣。行旅相攀援，川广不可越。老妻寄异县，十口隔风雪。谁能久不顾，庶往共饥渴。入门闻号咷，幼子饥已卒。吾宁舍一哀，里巷亦呜咽。所愧为人父，无食致夭折。岂知秋未登，贫窭有仓卒。生常免租税，名不隶征伐。抚迹犹酸辛，平人固骚屑。默思失业徒，因念远戍卒。忧端齐终南，澒洞不可掇。

这首诗是杜甫对自己在长安十年的总结。此诗由对理想的追求过程入手，写了人生的失望与挫折。但是，诗人仍然渴望能如“稷与契”一样为国效力。“穷年忧黎元，叹息肠内热”是诗人在政治理想失败之后最大的担忧，既反映了对时局敏锐的洞察力，又表达了儒者关注民生的仁厚情怀。杜甫始终舍弃不了对王朝和君主的感情，即使是遭受了政治生涯中的巨大挫折，他仍然像向日葵追随着太阳一样。“生逢尧舜君”与其说是对帝王的歌颂，不如说是对帝王的期待，“葵藿倾太阳”与其说是对君王的忠诚，不如说是对君王深切的担忧。这一方面缘于杜甫儒家思想中浓厚的忠君情结，另一方面也表现了他对理想执着的追求。杜甫也分析了自己人生挫败的原因：他不愿意像蝼蚁一样自求其穴而苟且度日，而要像大鲸一样志向高远，持守气节。生活的困顿与政治理想的宏大之间的落差使杜甫只能以酒消愁。可他还是放弃不了对社会的关注，以“朱门酒肉臭，路有冻死骨”这样震古烁今的名言高度概括了无法调和的尖锐的社会矛盾，震人心魄地描绘了社会的腐败。社会沦落至此，人民的生活状况可想而知，发生在杜甫身上的中年丧子之痛即为最真实的例证。幼子因饥饿而丧命一事让身为父亲的杜甫感到无比惭愧，这件事情对他的精神和心理造成了极度的摧残。此诗的结尾还涉及“平人”“失业徒”“远戍卒”等阶层的苦难遭遇。在当时的社会情势下，这种痛苦既是悲己，更是忧时伤世，正如宋人陈严肖对此诗的评价：“所谓忧在天下，而不为一己失得也。”

这首诗也是对唐朝盛世最后的总结，此诗中没有对安史之乱爆发的记录，却充满了“山雨欲来风满楼”的担忧，诗中写道：“荣枯咫尺异，惆怅难再述。北辕就泾渭，官渡又改辙。群冰从西下，极目高崒兀。疑是崆峒来，恐触天柱折。河梁幸未坼，枝撑声窸窣。”任何读到这首诗的人都会有一个共同的感觉：这首诗写出了一个辉煌王朝在风雨飘摇中的动荡不安，写出了大厦将倾之前权贵豪门醉生梦死纸醉金迷的腐朽生活，写出了一个满怀盛世理想的知识分子在黑暗现实面前的极度愤懑不平与无可奈何，写出了广大下层民众穷困至极的生活状况，揭示出安史之乱前夕“朱门酒肉臭，路有冻死骨”的不合理的社会本质。这首诗就是安史之乱的警报，只可惜玄宗有耳却不能闻，永远不可能听到这个警报。

长安十年，杜甫历经了政治的失败、生活的困顿、人生的磨难，等来的仅是一两个微不足道的小官。在这十年当中，杜甫朝着诗圣迈出了关键的一步。这十年对他个人来讲，在仕途上是失败了，但是正是由于他既跟权贵相交，又跟底层的民众有往来，他本身又有着下层民众生活的深刻体验，这使他深刻地感知到了这个社会不合理、不公正的本质，培养出他那如后人赞颂的诗圣的眼光，这才有可能使他凭借历史责任感写下了一首首记录社会现实的诗篇，从而为后世留下了一部诗史。

安史之乱爆发了，杜甫的生活即将发生重大的转折，他到底将走向何方？杜甫在安史之乱中的命运究竟如何？他是怎样在苦难中铸造成为千古诗圣的呢？

第三章 烽火三月江头哀

杜甫经历了十年长安求官，才谋得从八品下右卫率府胄曹参军一职，却又在从长安回奉先县探望妻子儿女的途中遭逢安史之乱，并写下千古名篇《自京赴奉先县咏怀五百字》。身陷战乱的杜甫会有怎样的遭遇？有着执着政治追求的杜甫在国家亟需人才的战乱中会不会有新的机会呢？而安史之乱对杜甫“诗圣”地位的形成，对其史诗般的诗歌创作又有什么样的影响呢？

安史乱起　家国摧颓

唐玄宗天宝十四载（755）十一月，平卢、范阳、河东三镇节度使安禄山假称接到唐玄宗密诏讨伐杨国忠，在范阳起兵谋反。

根据天宝初年的统计数据，河东节度使镇守太原，兵力五万五千人；平卢节度使镇守营州，即现在辽宁锦州，兵力三万七千多人；范阳节度使镇守幽州，即现在的北京，兵力九万多人。三镇统辖的区域横跨整个唐代的东北、华北地区，总兵力近二十万人。而在天宝年间，全国军队共计五十七万人，其中边防军设置十个节度使，总兵力四十九万人，京城内外驻兵仅仅有八万人，相当于边防军的六分之一。当时身为三镇节度使的安禄山统辖下的兵力占全国总兵力的近三分之一，他已经有着足够强大的可以与中央抗衡的军事实力。同时，这些节边镇的士兵都是职业军人，他们根本不会考虑自己的将领是否有造反称帝的野心，只是遵从着服从的天职，久而久之，节度使们便拥兵形成自己的势力。只因“天子重开边”，唐中央为了对游牧民族骑兵实行军事防御，让节度使掌握地方兵权；为了缓解财政压力，解决边防驻军后勤供应的需要，让节度使掌握地方财政大权；为了更有效地执行军事防御任务，让节度使拥有辖区数州的行政权。就这样，节度使逐渐掌握了当地的民政、财赋、刑法权力，成了一个个割据一方的“小皇帝”。

天宝年间，“边陲势强”的局势已经无法逆转，玄宗为了维护政权的稳固虽然也曾做过许多努力，但是对于已经拥兵自重的安禄山，玄宗也只能以姑息加恩宠来安抚和利用。这形成一种恶性循环，致使安禄山的势力不断增大而且愈加骄横，安禄山见玄宗年迈昏庸且沉湎女色，让李林甫、杨国忠两大奸相擅权，朝纲日弛，认为可取天下而代之，终于与朝廷反目。自天宝十四载（755）安史之乱爆发起，此后的八年里，国家和人民都遭受了深重的灾难。

安史之乱起，朝廷几乎已经没有兵力与其对抗。

在短短的一个月时间内，安禄山领导的叛军竟然从范阳一直打到洛阳，并没费太大力气就攻占了帝国的东都。天宝十五载（756）正月初一，安禄山在洛阳称帝，定国号为“大燕”。同年六月，朝廷命令驻守潼关的哥舒翰全面出击，企图以这场战斗的胜利来重新鼓舞人心，但哥舒翰惨败于灵宝西，十八万大军全军覆没，潼关失守，玄宗匆忙逃往四川，接着长安也被叛军占领。长安失守，使唐王朝失去了象征着王朝统治的帝都，军事力量的巨大破坏也几乎使唐王朝处于崩溃的边缘。

这一期间，又出现了新的内乱和外忧。至德二载（757），在长江地区镇守的永王李璘举兵反叛，但迅速被刚刚即位的肃宗击败。与此同时，吐蕃和南诏等少数民族政权也虎视眈眈地想利用唐朝的内乱来侵吞疆土。此时，叛军占据了河北、黄河流域、渭水流域和河南的大部分地区，唐王朝岌岌可危。

正当唐王朝危在旦夕之际，扭转乾坤的转机正在安史叛军内部酝酿而生。由于叛军是匆忙起兵，并没有做好长远的准备，在内部也没有形成一个稳固的统治核心。至德二载（757），安禄山被其子安庆绪所杀。这个事件给唐王朝带来了新的转机，并为剿灭叛军赢得了一定的准备时间；更重要的是，这一事件导致叛军内部分崩离析。同年九月，乘叛军内部发生矛盾，朝廷借用回纥军队收复了长安，继而在十月收复洛阳。然而此时的唐军没有精力再乘胜追击。

乾元二年（759）四月至宝应元年（762）十月，史思明领导叛军再次崛起，他攻入相州杀死安庆绪及其重要首领，进而成为“大燕”的第三任皇帝。乾元二年秋天，洛阳和汴州相继陷落。这次战争的失败致使叛乱进入一个新高潮，也使唐王朝元气再一次大伤，生产力也遭到了巨大的破坏。为了应付连年的征战，唐王朝通过越来越严厉的苛税政策增加收入，严重激化了国内的阶级矛盾。宝应元年（762），元载任宰相，加大了征收苛捐杂税的力度，导致袁晁在长江下游地区发动了近二十万人的农民起义。

上元二年（761）初，史思明再次对李唐王朝发动进攻。四月，叛军在洛阳附近又一次取得胜利，唐王朝的形势再次告急。但就在史思明要乘胜攻打黄河流域时，叛军内部又出现了内乱，史思明被其子史朝义杀害，这一事件彻底破坏了叛军的凝聚力。

宝应元年（762）春，玄宗与肃宗先后晏驾，代宗在长安登基。他重申了肃宗的宽大政策，国家通过妥协的方式安抚了许多叛将。同年九月，朝廷再次向回纥借兵。十一月，叛军在洛阳城外惨败，朝廷收复了洛阳。在朝廷大赦令的诱招下，史朝义的将领们一一归顺朝廷。第二年正月，走投无路的史朝义最终被迫自尽，历时八年的安史之乱结束了，唐王朝终于蹒跚地站了起来。

安史之乱的发生可以说是突然的，唐王朝最后取得胜利也是偶然的。频繁地更换首领、缺乏统一的战略部署是叛军失败的内在原因。

对于唐王朝来讲，整个平定叛乱的过程是在唐王朝的统一指挥下，在回纥军队的协助下，在全国民众的拥护下艰难实现的，但同时也付出了沉重的代价。这一叛乱从开始到结束整整持续了八年的时间，而它给唐王朝带来的沉重打击和危害则远非以时间的概念就可概括的。在安史之乱爆发之前的754年，全国人口大约有五千二百万，其中长安的人口已经达到百万，这在当时的世界上绝对是一个非常大的数字。安史之乱结束后，唐代宗广德二年（764），全国人口仅有近一千七百多万，比安史之乱前减少了大约三千万人。虽然这减少的人口中有一些是因为没有被国家编入户籍，但仅仅从这些骇人听闻的数字上，也可以看到这场战争带给唐王朝多么惨痛的打击，可以想见战争给人民带来了多么深重的灾难，而最底层的广大人民往往成为国家动乱的最终受害者。杜甫就是其中的一员，在整个安史之乱的过程中他颠沛流离，在苦难中不断跋涉。“国难诗家幸”，这种跋涉的过程给了杜甫不断观察、思考的机会，为他的创作提供了最丰富、最真实的素材。

逋逃出走　家书万金

杜甫于战乱爆发前回奉先探亲，战乱爆发后，安史叛军逼近潼关，迫使杜甫携家从奉先迁居到白水（今陕西白水），投靠他的舅舅崔十九，崔十九此时任白水县尉。杜甫一家在这里受到了热情的款待，他特意作《白水崔少府十九翁高斋三十韵》记其事：“白水见舅氏，诸翁乃仙伯。杖藜长松阴，作尉穷谷僻。为我炊雕胡，逍遥展良觌。”意思是说，崔氏舅舅在这里作县尉，还有一些其他的老人也在这里避难。他在这里可以吃到舅舅特意做的雕胡饭，还可以与这些长辈们一起欣赏诗文。

天宝十五载（756），唐军与叛军在潼关相持不下。《资治通鉴》载：“禄山大惧，召高尚、严庄诟之曰：‘汝数年教我反，以为万全。

今守潼关，数月不能进，北路已绝，诸军四合，吾所有者止汴、郑数州而已，万全何在？’”但就在安禄山已经对攻取潼关失去信心的时候，朝廷又犯了轻敌和决策的失误，他们将这次叛乱看成了一场很快就可以被平定的一般暴乱。宰相杨国忠向唐玄宗保证，“今反者独禄山耳，将士皆不欲也。不过旬日，必传首诣行在”（《资治通鉴》）。但是，当时也有一些大臣已经认识到事情的严重性。《旧唐书·封常清传》记载，早在东都洛阳沦陷的时候，大将封常清临终前上书玄宗说：“臣死之后，望陛下不轻此贼，无忘臣言，则冀社稷复安，逆胡败覆，臣之所愿毕矣。”但是，玄宗还是轻信杨国忠等人的建议，盲目地催促哥舒翰主动出击，虽然哥舒翰力奏玄宗：“且贼兵远来，利在速战。今王师自战其地，利在坚守，不利轻出；若轻出关，是入其算。乞更观事势。”（《旧唐书·哥舒翰传》）认为该固守潼关，看清叛军的诡计，谋定而后动，但由于安禄山起兵打着诛杨国忠的旗号，而此时哥舒翰手握重兵，把守着长安的门户，杨国忠担心哥舒翰会拥兵胁迫朝廷杀了自己以平天下人之心，因此反复在玄宗面前说哥舒翰故意不肯出兵，将会贻误军机，而玄宗竟然听信了杨国忠的谗言，接连派出中使催促哥舒翰出兵。哥舒翰不得已“引师出关”，导致大规模溃败，潼关失守。潼关不保，长安的东大门大开，战争局面进一步恶化，此时的玄宗只能慌忙逃往四川。

杜甫夹杂在难民当中从白水继续向北方逃亡，他在《送重表侄王砅评事使南海》一诗中追忆道：

> 吾客左冯翊，尔家同遁逃。争夺至徒步，块独委蓬蒿。逗留热尔肠，十里却呼号。自下所骑马，右持腰间刀。左牵紫游缰，飞走使我高。苟活到今日，寸心铭佩牢。

诗中说，在北逃途中，他的坐骑被人抢走了，只能步行，不小心掉进蓬蒿坑里，多亏这位热心的重表侄王砅回头走了十多里地，才又找到了他，还将坐骑让给他，右手持刀，左手持缰，保护着他脱离了险境。

当他们路过白水东北六十里的彭衙故城的时候，遇上持续不断的大雨，于是投宿在友人的家里。《彭衙行》一诗记叙了当时狼狈不堪的惨状：

> 痴女饥咬我，啼畏虎狼闻。怀中掩其口，反侧声愈嗔。小儿强解事，故索苦李餐。一旬半雷雨，泥泞相牵攀。既无御雨备，径滑衣又寒。……故人有孙宰，高义薄曾云。延客已曛黑，张灯启重门。暖汤濯我足，剪纸招我魂。从此出妻孥，相视涕阑干。众雏烂熳睡，唤起沾盘餐。

这首诗写了自己家人逃难的情况，小女儿因为太饿咬吃他的手，害怕女儿的哭闹声被虎狼听见，他把小女儿搂抱在怀中，把她的口遮住，让她不要喊叫，女儿却不懂事跟他发脾气。小儿子稍微懂点事，也不知道从哪儿弄了两个苦李子，给他的妹妹吃。白天没有吃的，晚上雷雨大作，一家人没处躲藏。幸好遇到了老朋友，即彭衙县尉孙宰，把他们一家人迎到家里，打来暖水烫烫脚，把睡熟的孩子叫起来吃饭，才使这一家人在逃难的过程中感觉到了一点点人世间的温暖。

在彭衙稍事休整后，杜甫带着家人继续前行，一路经过华原（今陕西耀县）、三川（今陕西富县南部），一直到达鄜州（今陕西富县）的羌村，这才算是把妻子、儿女安顿下来。安顿好家人之后，杜甫又开始惦记朝廷了。当时，他只是请假还家，右卫率府胄曹参军虽然只是个八品官，但毕竟是一个职位，他必须回去追随朝廷。这是他的职责，也是他的理想。唐肃宗至德元载（756），杜甫听说皇太子李亨在灵武（今宁夏回族自治区中卫）即位称帝，便急忙收拾行装继续北上延州（今陕西延安），出芦子关（今陕西横山），前往灵武投奔肃宗。

万万没有想到的是，在北行的路途中，杜甫不幸落入叛军手中，被押送回长安。他真可谓是命运多舛，刚刚安顿好了家人，自己却又不幸跌入了虎穴之中。陷贼的这一年对杜甫情感上和思想上的影响很大。所幸的是，杜甫当时的名气还不如王维那么大，地位也不高，所以并不被敌人所重视，因而未被授以伪职，也没遭受到俘虏的待遇，对他的看押不算非常严格，行动上比较自由，准许出外游览、访友。尽管这样，身陷敌营、不能回归朝廷的痛苦始终纠缠着杜甫。

此时的杜甫除了忧国，同时也思家，思念自己的妻子儿女。其著名的《月夜》一诗正是这种情感的真挚表达：

今夜鄜州月，闺中只独看。
遥怜小儿女，未解忆长安。
香雾云鬟湿，清辉玉臂寒。
何时倚虚幌，双照泪痕干。

诗人独自一人在长安，看见秋月，思念妻子。诗从对面写过来，不写自己如何思念远在鄜州的妻子，却设想妻子如何望月思念自己，刻画了一个美丽深情的妇女形象。全诗既表明诗人与妻子之间的恩爱之情，又表明对妻子的担忧和爱怜。诗中将妻子的凄美深情与小儿女的幼稚作对比，他们无法理解自己的母亲为什么看着月亮会流下眼泪，反衬妻子的孤独和相思。接着两句形容妻子在月光的笼罩下那种容颜美艳的风采。结尾用“双照”表明对国家安定、举家团圆的渴望。这首诗构思奇特，章法紧密，感人肺腑，写在离乱之际，却又冠以“月夜”这样富有诗情画意的题目，反而带来一种挥之不去的离乱之苦。

杜甫在长安被羁押的一年，生活艰难，情绪低沉。此时长安城已经被叛军焚掠一空，满目荒凉。杜甫目睹了两京在战火洗劫之后的荒凉景象，他很难相信瞬息之间帝国所发生的改变，极大的失落令他难以承受。这一时期，杜甫也一改往昔对个人命运前途的关注，开始用诗歌记录沦陷后的帝都长安。在这类作品中，《春望》一诗最充分地表达了诗人悲伤的心情：

国破山河在，城春草木深。
感时花溅泪，恨别鸟惊心。
烽火连三月，家书抵万金。
白头搔更短，浑欲不胜簪。

杜甫在诗中，写了国都沦陷后野草丛生、残破荒凉的景象，破碎的山河使他感到深切的忧伤，艳丽的花朵、啼叫的鸟儿这些原本充满着欢乐色彩的景象，在他看来都染上了时代的伤感，使他悲不自禁、黯然泪下。乐景写哀情，更见其内心无法排遣之惆怅。一、二两联写春城败象，充满了对国都失陷的感叹；三、四两联写思念亲人，表现了在国破乱离的日子里对亲人的眷恋。“家书抵万金”表达了在乱离的年代亲人分别而不得音信的痛苦，成为流传古今之名言。此诗感情真挚自然，在反映诗人热爱祖国、眷怀家人的同时，还真切地再现了那个战争年代的荒凉残酷，表现了他无法遏抑的悲伤。

面对破碎的山河家国，诗人不仅痛恨叛军，还猛烈地抨击朝廷，这就是《哀江头》：

丁酉歲
康震

好雨知時節當春乃發生隨風潛入夜潤物細無聲

杜甫春夜喜雨

丁酉春 康震

少陵野老吞声哭，春日潜行曲江曲。江头宫殿锁千门，细柳新蒲为谁绿。忆昔霓旌下南苑，苑中万物生颜色。昭阳殿里第一人，同辇随君侍君侧。辇前才人带弓箭，白马嚼啮黄金勒。翻身向天仰射云，一箭正坠双飞翼。明眸皓齿今何在，血污游魂归不得。清渭东流剑阁深，去住彼此无消息。人生有情泪沾臆，江水江花岂终极。黄昏胡骑尘满城，欲往城南望城北。

诗人徘徊在曲江之滨，看到往日繁华的宫殿异常冷清，感慨万千，哀恸欲绝。曲江是唐帝国园林的代表，最早开发于汉武帝时期，名为宜春苑，与慈恩寺塔连成一片，相得益彰，曾经是王公贵族、文人雅士游玩之处。从开元年间起，王公贵族们经常携带家眷美妓，游宴于曲江之上。文人才士若能登第及科，皇帝还会赐“探花宴”于曲江，他们在这里泛舟游饮，吟诗作赋，风流一时。安史之乱将曲江变成了任凭叛军蹂躏的痛苦渊薮，杜甫此时再游曲江，只能唱出《哀江头》这样的悲歌。这首诗从眼前写到回忆，又由回忆写到现实，面对易主的江山，诗人无限悲哀，止不住去回想当年繁华的情形，表现出对盛世的留恋和对君王荒政误国的谴责。最后，诗人又由回忆转到眼前，书写“黄昏胡骑尘满城”的悲哀景象，把哀时的悲痛表达到了极致。同时，“明眸皓齿今何在，血污游魂归不得”又表达了对乱政祸国的玄宗朝君、臣、宠妃既批判又同情的感情，这可能是对于唐玄宗、杨贵妃爱情悲剧最早的歌咏了。

长安被叛军攻陷前夕，唐玄宗匆忙逃离长安。由于时间紧迫，他只带了杨贵妃姐妹、住在宫中的一些皇子、公主、皇孙、杨国忠、陈玄礼等近臣以及高力士等贴身宦官，而很多未在身边的皇室成员则被留在了长安。长安被攻陷后，这些皇室成员成为叛军屠戮的首要对象。杜甫的《哀王孙》一诗正是他对皇室成员惨遭杀戮的哀叹，诗中写道：

长安城头多白乌，夜飞延秋门上呼。又向人家啄大屋，屋底达官走避胡。金鞭断折九马死，骨肉不待同驰驱。腰下宝玦青珊瑚，可怜王孙泣路隅。问之不肯道姓名，但道困苦乞为奴。已经百日窜荆棘，身上无有完肌肤。高帝子孙尽隆准，龙种自与常人殊。豺狼在邑龙在野，王孙善保千金躯。不敢长语临交衢，且为王孙立斯须。昨夜东风吹血腥，东来橐驼满旧都。朔方健儿好身手，昔何勇锐今何愚。窃闻天子已传位，圣德北服南单于。花门剺面请雪耻，慎勿出口他人狙。哀哉王孙慎勿疏，五陵佳气无时无。

这首诗描述了帝都被叛军占领后的景象。诗的主角是皇室惨遭杀戮之后的一位幸存者，虽然身上还有着不同于常人的皇室气息，但此时已经因困苦而沦为乞奴，由于多日的逃难经历，已体无完肤。“豺狼在邑龙在野，王孙善保千金躯”两句表现出杜甫对叛军的痛恨和对王室血脉的怜惜，也从侧面显示出他对王朝的忠诚。

杜甫还在诗歌中记录了自己在长安的艰苦生活。羁留长安的这段时间，幸好有几位朋友常常接济他，比如长安大云寺住持僧赞公对他非常好，不仅留他在寺院中住宿，而且还供给他饮食衣物，将他照顾得无微不至，这令杜甫深为感动，他在诗中表达了对赞公不尽的感激之情。此外，他也在《雨过苏端》一诗中记录了朋友对自己的周济：

鸡鸣风雨交，久旱云亦好。杖藜入春泥，无食起我早。家忆所历，一饭迹便扫。苏侯得数过，欢喜每倾倒。也复可怜人，呼儿具梨枣。浊醪必在眼，尽醉摅怀抱。

朋友的帮助一方面使他的生活得到了照顾，更重要的是，使他在乱世飘零之际还可以感受到人间真情的温暖。

这些诗都显示了诗人在离乱中的真性情，同时，它们不同于史书对“安史之乱”这个历史事件的记载，而是作为一个亲身体验者为后世留下的一份真实的感触。杜甫给我们提供了一段有关这段苦难的感性的历史，让我们得以了解当事人的具体情绪和时代情况的变化。

喜达行在　泪授拾遗

杜甫不只是一个时代的观察者、记录者，他本身的遭遇也与时代的苦难纠结在一起。杜甫用诗歌记录下了贼寇控制下的长安破败的景象和种种人间惨状，从玄宗奔逃四川、王公满门灭族、皇孙乞求为奴、宠妃爱臣被杀等事件中，感受到了国家所遭遇的不幸，但这并没有使他失去对唐王朝的忠诚。杜甫越是看到国家的衰败和人民的苦难，就越是希望能够再为国家尽力，越是希望自己能够早一点回到朝廷。到至德二载（757）四月份，他看准机会，借草木隐蔽，逃离长安，至凤翔投奔肃宗。

杜甫之所以能逃出来，一方面是由于他始终不放弃地在寻找机会，另一方面跟他的职位低也有关系。当时和杜甫一起陷在长安的有许多唐王朝的官僚，包括王维等，这些人不仅在当时的诗坛上比杜甫的名气大，而且职位也比杜甫高，所以叛军对于这些人的看管远比杜甫严。也就是说，杜甫并不属于叛军的重点看护对象，于是他看准机会，成功地逃出了叛军的大营。

安禄山自从起兵作乱以后，性情暴躁无常，动不动就鞭挞滥杀身边的亲随。其子安庆绪也担心被害，于是勾结安禄山贴身侍卫以及左右大臣，将安禄山砍死。就在杜甫逃出长安五个月后，唐军与前来相助的回纥军队集结在长安以西地区，与据守长安的安史叛军决战，斩首六万余，叛军弃长安而走，长安被唐军收复。不久，洛阳也被收复。

杜甫在《自京窜至凤翔喜达行在所》一诗中详细记叙了他逃出长安城的整个经过："西忆岐阳信，无人遂却回。眼穿当落日，心死著寒灰。雾树行相引，莲峰望忽开。所亲惊老瘦，辛苦贼中来。……今朝汉社稷，新数中兴年。"杜甫在诗中说自己总是听不到官军反攻的消息，于是望眼欲穿等到傍晚，趁着日落时分，他提心吊胆地沿着驿道两边的树木逃窜。朋友见到之后，都惊叹他的衰瘦，从亲友的问候中可以想象到自己心力交瘁、面容枯槁的样子。

出逃后，他并没有首先去寻找自己的妻子和孩子，而是直接向西，前往唐肃宗的行在凤翔，行在即皇帝离开都城临时在外办公的地方。经过千辛万苦，杜甫终于到达凤翔，见到了肃宗。

在《述怀》一诗中，杜甫记录了他拜见肃宗时的情景：

> 去年潼关破，妻子隔绝久。今夏草木长，脱身得西走。麻鞋见天子，衣袖露两肘。朝廷愍生还，亲故伤老丑。涕泪授拾遗，流离主恩厚。柴门虽得去，未忍即开口。寄书问三川，不知家在否。比闻同罹祸，杀戮到鸡狗。山中漏茅屋，谁复依户牖。摧颓苍松根，地冷骨未朽。几人全性命，尽室岂相偶。嵚岑猛虎场，郁结回我首。自寄一封书，今已十月后。反畏消息来，寸心亦何有。汉运初中兴，生平老耽酒。沉思欢会处，恐作穷独叟。

杜甫拜见肃宗的时候，脚穿着一双破麻鞋，衣服也已经破烂不堪，衣袖破得都露着胳膊肘。朝廷中所有的人都非常感叹他能生还，而亲朋故友们也都为他的衰老而感伤。杜甫的这一忠心举动也使肃宗大受感动，授予他左拾遗一职。

安顿好自己后，杜甫开始思念担心起亲人的情况。自从去年潼关失陷后，他和妻子便失去了联系，虽然杜甫多次写信回家，但始终没有家人的消息。在战乱的时代，如果没有坏的消息，人们的心中仍可以存一丝希望，这与平时人的心态是完全不同的，因为在战乱时代死亡的噩耗远远多于平安的福音，诗人宁肯永远不要听到这个消息。最后诗人说“沉思欢会处，恐作穷独叟”，这是许多人都有过的普遍体验，当没有亲人消息的时候，越是在大家相聚欢乐之时，越是感觉到自己内心的孤独和无助。杜甫也一样，他甚至害怕他的家中只有他一人还存活着了。

《述怀》一诗把离乱人的心态写得极其生动，实际上这也是将安史之乱中的一个唐代知识分子的心路历程，通过这种非常微小的、细致的描写和刻画全部表现了出来。所幸的是他不久后终于得到了家里的书信，这让诗人多少有些安慰。

此时的杜甫比先前的状况似乎好了许多，他终于得到了皇帝的认可，生活比较安定，家里也有了音讯，总算在乱世中有个让人稍稍安心的理由。但是，杜甫却未抱着苟安现状的态度。左拾遗属从八品上，官职的级别并不高，但总算是在天子跟前当差，可以直接参与朝政。在政治清明时，皇帝非常重视这些职位低的谏官，认真取纳他们的意见；但如果皇帝不重视谏言，类似于拾遗这样的官职也就仅仅是封建王朝官僚体制中的点缀罢了。在战乱的年代，杜甫相信皇帝此时正需要有一批正直而能提供合理建议的谏官，于是，他又一次满怀希望地开始憧憬政治理想了。

廷诤直谏　抗疏犯鳞

杜甫在经历了政治的失败、生活的劳顿、人生的磨难之后，事业终于有了转机。左拾遗虽然是个级别较低的官职，但可以接近皇帝，参与议论朝政。这让杜甫心存感激，真心实意地打算履行职责，以不负皇恩。

然而造化弄人，就在杜甫刚刚开始担任左拾遗的那个月，他却由于忠于职守，不但差点丢了官，甚至差点连性命都不保。事情是这样的，玄宗身边的大臣房琯在安史之乱爆发后，给玄宗提了一个建议，即让各个皇子分制各地兵力，实际上，这种分权的策略完全是为了避免在战乱中某一个皇子权势太重而直接夺取皇位。但是，已经当了十八年太子的李亨害怕在战乱之时自己的储君之位遭到挑战，他希望权力尽可能地集中在自己手中，并急于即帝位，房琯提出这一分权方案自然会招致李亨及其追随者的不满。不出所料，太子李亨后来先斩后奏地在灵武即位，即唐肃宗，并与永王李璘发生矛盾，爆发战争。肃宗即位后，玄宗不得不默认这个事实，并派遣房琯持传国玉玺到灵武授予新皇帝，从此房琯就留在了肃宗的身边，担任宰相。但是，这件事成为房琯与肃宗矛盾的根源。

至德元载（756）的十月份，房琯主动请缨带兵去收复两京。他在咸阳附近的陈涛斜组织作战，但是由于盲目效法古代的车战之法，用牛车两千乘，骑兵步兵同时进攻，结果敌人顺风纵火，导致牛车乱阵，人畜大乱，军队损失了四万多人。这次大败之后仅仅两天，房琯又贸然出击，结果在陈涛斜附近的青坂又遭到大败。肃宗李亨尽管对房琯有所不满，但由于正处于战争的非常时期，而房琯又是玄宗的旧臣，肃宗还必须敬重房琯以获取玄宗朝大臣的支持，因此，他并没有治罪于房琯。

房琯虽为宰相，但是个性孤高，以名士自居，国家多难，他却整日与人高谈阔论佛教老庄，常常称病不上朝。他很器重门客董庭兰，常常召集大臣在家中听董庭兰弹琴，于是许多人就开始巴结董庭兰，董庭兰借此收受贿赂，贪赃枉法，结果遭御史弹劾。房琯的两次大败以及种种做派，再加上董庭兰的罪行，本已使肃宗极为不满，而且此时肃宗身边也已经培养了一大批忠于自己的大臣，政治基础已较为稳定，这使肃宗终于下决心罢掉房琯的宰相之职。

其实房琯被罢相的真正原因，归根结底还是老皇帝玄宗与新皇帝肃宗之间的矛盾。房琯一直被人看作是玄宗一党的，而李亨身边也有一帮“太子党”，比如贺兰进明，当初正是这批“太子党”拥立李亨擅自在灵武即位。《旧唐书·房琯传》记载贺兰进明向肃宗进谗言说：“琯昨于南朝为圣皇制置天下，乃以永王为江南节度，颍王为剑南节度，盛王为淮南节度，制云‘命元子北略朔方，命诸王分守重镇’。且太子出为抚军，入曰监国，琯乃以枝庶悉领大藩，皇储反居边鄙，此虽于圣皇似忠，于陛下非忠也。琯立此意，以为圣皇诸子，但一人得天下，即不失恩宠。”肃宗李亨当初用房琯为宰相，一方面是要利用房琯当时在朝野的声望聚拢人气，《旧唐书·房琯传》记载他“自负其才，以天下为己任。时行在机务，多决之于琯，凡有大事，诸将无敢预言”；一方面也是要拉拢房琯为自己所用。但是房琯的种种表现都不能令肃宗达到自己的政治目的，加之贺兰进明的谗言，肃宗便心生嫌隙，决心罢黜这个宰相。

《旧唐书》载肃宗诏书云：

> 崇党近名，实为害政之本；黜华去薄，方启至公之路。房琯素表文学，夙推名器，由是累阶清贵，致位台衡。而率情自任，怙气恃权。虚浮简傲者进为同人，温让谨令者捐于异路。所以辅佐之际，谋猷匪弘。顷者时属艰难，擢居将相，朕永怀仄席，冀有成功。而丧我师徒，既亏制胜之任；升其亲友，悉彰浮诞之迹。

因此，房琯被罢相存在着非常复杂的原因，对于那些在政治上比较精明或者老于世故的人来说，是不会轻易掺和这件事情的。但是杜甫毕竟是书生，又身为左拾遗，再加上他与房琯本是布衣之交，未出仕之前已是好友，所以就在这个时候挺身而出，向皇帝抗疏直谏。《新唐书·杜甫传》记载了杜甫给肃宗提出的意见：

> 与房琯为布衣交，琯时败陈涛斜，又以客董庭兰，罢宰相。甫上疏言："罪细，不宜免大臣。"帝怒，诏三司杂问。宰相张镐曰："甫若抵罪，绝言者路。"帝乃解。

杜甫的意思是说，肃宗不应该因董庭兰纳贿这样的小事而罢免宰相这样的重臣。其实肃宗李亨要罢免房琯并非只是因为董庭兰这件事情，但杜甫并不明白其中的玄妙，结果李亨大怒，当下就要将杜甫交付有关部门处理。多亏宰相张镐出面解劝，担心若罢免了杜甫会造成不好的政治影响，将不会再有谏官向朝廷提意见，皇上才暂时把怒气压了下来，仅仅罢免房琯的宰相之职，不再追究杜甫。

杜甫随后给肃宗写了一篇谢罪之辞，表面上虽是请罪之意，但是骨子里依然坚持己见。这篇谢罪之辞先夸奖了一通房琯，说他："少自树立为醇儒，有大臣体，时论许琯才堪公辅，陛下果委而相之。"他认为房琯少年时代就可看出是一个醇儒，人们都认为他是一个宰辅之材，果然皇上顺应民意，让其做了宰相，这显然是在讽刺罢免房琯宰相之职的肃宗。然后又解答自己之所以为房琯辩解的原因，是因为"臣叹其功名未就，志气挫衄，觊陛下弃细录大，所以冒死称述，涉近讦激，违忤圣心。陛下赦臣百死，再赐骸骨，天下之幸，非臣独蒙"。文中申明，自己看到房琯功名未就，又觉得皇帝是小题大做，情急之下才说了些不合时宜的话，得罪了皇上，幸好皇上度量大赦免了自己。文章末尾杜甫还不无讽刺地说肃宗赦免了自己不仅是自己三生有幸，也是天下之大幸。

显然，杜甫还是借谢罪之机指责肃宗罢免房琯是错误的举动，这也充分说明杜甫的书生本色以及倔强的个性。对于一个政治家来讲，有时候需要在坚持原则的前提下做一定的润滑和妥协，这样才能达到目的。可这不是杜甫的做派，杜甫是个正直的、不讲妥协的知识分子。

杜甫之所以在紧张的局势下不自量力地疏救房琯，是由于他始终把“尧舜之道”作为心理支撑。他从儒家重视贤能的政治原则出发，认为房琯是贤才。而当时又正是安史叛军最为强盛、平乱最艰苦的时候，需要爱国的官员们同心同德，力挽狂澜，因而杜甫才有“见时危急，敢爱生死”（《祭故相国清河房公文》）的疏救举动。这让我们看到了在“致君尧舜上”信念的支撑下，诗人不畏危难、坚持正义的风骨。诗人的忠君不是“愚忠”，而是要追求“欲为君，尽君道；欲为臣，尽臣道。二者法尧、舜而已矣”（《孟子・离娄上》）的儒家政治理想。

对于杜甫的这种态度，应该说肃宗也是理解的，但是对于这种死认真、追究死理儿的书生官员，他在处理方法上也有自己的难处。毕竟，杜甫只是一个忠诚的知识分子，他没有阴谋诡计，也没有老于世故的城府，但是他的作为又诚然不合皇帝的节拍，这样的官员难免会让皇帝觉得碍手碍脚，却又没有正当的理由来罢免他。于是，肃宗决定给杜甫放假让他返家省亲，既显得皇恩浩荡，又能暂时排除身边的障碍。从整个事情的过程来看，这个长假在很大程度上是一种潜在的贬斥，至少表示出对杜甫的疏远。

遭疏归乡　北征羌村

疏救房琯一事是杜甫政治命运及心理的转折点，他渐渐地感觉到了唐肃宗对自己的冷淡，这一时期杜甫在诗中开始表露出对这种尴尬处境的不满和忧虑，以及报国无门、壮志难酬的愤懑。诗人的浪漫、书生的意气让杜甫的为官生涯经历了太多的苦难与挫折，那么这些苦难与挫折又能带给杜甫怎样的收获呢？

从史料中我们知道，杜甫得到左拾遗这个官职是在肃宗至德二载（757）五月十六日，而他向肃宗所上的谢罪之辞是在六月一日，仅仅半个月的时间，“麻鞋见天子”的杜甫就又一次被皇帝疏远了。过了两个月，闰八月初一，杜甫就启程回鄜州去探望妻子儿女了。

从凤翔到鄜州，有六百六十多里路程，全程徒步走下来，对于已经四十五岁的杜甫来说实在是太困难了。怎么办呢？杜甫想了一个办法，他以诗代信，给当时的一位将军李嗣业写了一首诗《徒步归行》，希望对方能借给他一匹马：

明公壮年值时危，经济实藉英雄姿。国之社稷今若是，武定祸乱非公谁。凤翔千官且饱饭，衣马不复能轻肥。青袍朝士最困者，白头拾遗徒步归。人生交契无老少，论交何必先同调。妻子山中哭向天，须公枥上追风骠。

在这首诗中，杜甫先把李嗣业将军夸耀一番，这并非是干谒讨好之辞，而是真诚地希望李嗣业将军能在国家危难的时候，为国效力，平定叛乱。但当说到自己的处境时，杜甫有些自哀自怜了，他说自己从年轻追求到老，头发也白了，可现在还得徒步回家。所以，他要求借一匹马代步，虽说当时公私马匹都是战备物资，归属军队统一调配，但杜甫终于还是借到了一匹战马，可以启程回家了。

算起来，杜甫由护送家人到鄜州、在北上灵武的路上遭到叛军的拘押、出逃至凤翔、任职左拾遗，直到直谏得罪皇帝后返乡探亲，已经整整一年没见到家人了。现在一家人终于在这纷乱的战火中重新团聚，这真是太不容易了，或者说简直就是一个奇迹！

杜甫回到鄜州羌村后，将回家的感受与经历，凝聚在他的《北征》与《羌村三首》当中。这一组诗奠定了杜甫现实主义诗歌创作的基本风貌，使他从盛唐时代所有的诗人中脱颖而出，向着现实主义的诗圣前进了一步。杜甫把自己的所见所闻以及对国家命运、对人民苦难的关切一起写入了诗中，这些诗饱含着诗人的切身感受及对时局的关注。先看其《羌村三首》：

峥嵘赤云西，日脚下平地。柴门鸟雀噪，归客千里至。妻孥怪我在，惊定还拭泪。世乱遭飘荡，生还偶然遂。邻人满墙头，感叹亦歔欷。夜阑更秉烛，相对如梦寐。

晚岁迫偷生，还家少欢趣。娇儿不离膝，畏我复却去。忆昔好追凉，故绕池边树。萧萧北风劲，抚事煎百虑。赖知禾黍收，已觉糟床注。如今足斟酌，且用慰迟暮。

群鸡正乱叫，客至鸡斗争。驱鸡上树木，始闻叩柴荆。父老四五人，问我久远行。手中各有携，倾榼浊复清。苦辞酒味薄，黍地无人耕。兵革既未息，儿童尽东征。请为父老歌，艰难愧深情。歌罢仰天叹，四座泪纵横。

这三首诗通过北方农村的一角，以小映大，反映出当时的社会现实和人民的心态。其一写到家时全家悲喜交加的感情，在战火纷纷音书断绝的岁月里，相见就更显得可贵，这首诗通过自己的经历表现出离乱时代亲人相见时最基本的心态。其二写还家后矛盾和苦闷的心情，孩子害怕自己再次离去绕膝而坐，这甜蜜的亲情使诗人陶醉。其三则写乡亲们拿着酒来看望他这浓浓的乡情更让诗人感动。这些都使杜甫从感情上与人民靠得更近，也使他济世救民的理想更加坚定。

我们来细读《羌村三首》其一，看看杜甫到达羌村的那个瞬间：夕阳西下的傍晚时分，因为客人的到来，他们家门口的鸟雀叫个不停，而这位客人其实就是杜甫本人，离家时间太久了，家乡的一切对他都已经陌生了。他的突然归来也使家人喜出望外，妻子在惊愕中却痛哭起来。在这样的乱世之中，人们终日被死亡的阴影笼罩着，出门在外的人能活着回来简直是个奇迹。这种悖谬人情的偶然事件也使邻里们感到非常奇怪，邻居们早就知道这家的男主人已经一年多没消息了，闻听突然归来，都争相来看。看着他们夫妻二人相对流泪，大家也跟着感叹伤怀。夜晚来临了，这时候才能面对面地坐在一起，诉说衷肠。虽然杜甫已经真正地回到了家乡，可是当晚上他与妻子秉烛相望的时候，却恍如梦中一般。分离得太久了，分开后的境况又都太悲惨了，夫妻两个已经不能相信眼前的相聚是真实的。

再看看他回到家里的情景，诗人将自己所见所闻都记录在《北征》一诗中，“北征”即指他从凤翔北去鄜州探亲的过程，这首诗较全面地反映了当时社会的方方面面及诗人个人的遭遇。其中有很长一段写到了他回家后看到的情景。

杜甫先写自己的房屋和妻子：“经年至茅屋，妻子衣百结。恸哭松声回，悲泉共幽咽。”杜甫在外面尝尽了人世间的各种艰辛，回到家中看到妻子仍然住在破烂的茅草棚中，衣服已经破旧不堪而且打了许多补丁。两人相见之时抱头痛哭，而山边的溪流好像也在跟他们一起哭泣。

再看看杜甫的儿女们：“平生所娇儿，颜色白胜雪。见耶背面啼，垢腻脚不袜。床前两小女，补绽才过膝。海图拆波涛，旧绣移曲折。天吴及紫凤，颠倒在短褐。”回到家中，杜甫看到了自己疼爱有加的小儿子，可是由于营养不良而面色苍白。孩子见到父亲后却转过脸哭了，因为自己脚上没穿袜子而非常脏。很难说这是一种委屈，或是一种相隔太久的想念，还是一种羞怯。总之，小儿子的掩面而泣让身为父亲的杜甫怎能不难过？两个小女儿只能穿着补满补丁的裤子，但仍然短得连膝盖都盖不住。她们的衣服在杜甫看来也非常奇怪，都是些东拼西凑的布头，因为没有新衣服可穿，妻子只能拆更旧的补旧的，原本这件衣服上绣的鸳鸯、仙鹤，扯下来一绺，补到那件衣服上面去，孩子的衣服虽然没有破洞了，可是衣服上补丁乱七八糟，图案显得非常奇怪。由此可以想见杜甫面对儿女时的羞愧与心酸。

再来看看杜甫自己吧：“老夫情怀恶，呕泄卧数日。那无囊中帛，救汝寒凛栗。粉黛亦解苞，衾裯稍罗列。”杜甫经过长途跋涉，身体劳累，又生病了。可是当他看到家中凄苦的情景，一时忘记了自己的病痛，急忙把自己的包打开，这里有他用在长安为官时所得俸禄为家里买的化妆品、被面等。这为家中带来了重逢后快乐的场面：“瘦妻面复光，痴女头自栉。学母无不为，晓妆随手抹。移时施朱铅，狼藉画眉阔。”妻子把化妆品一抹，脸上立刻有了光彩，而女儿什么也不懂，也学着母亲的样子给自己的脸上涂脂抹粉，给自己画了一副宽宽的眉毛，结果把化妆用品弄得乱七八糟。在这些极富浓情的家庭生活面前，杜甫显然没有因女儿的调皮而生气，反而充满了作为一名丈夫和父亲的骄傲。

“生还对童稚，似欲忘饥渴。问事竞挽须，谁能即嗔喝。翻思在贼愁，甘受杂乱聒。”杜甫面对自己的孩子，不仅忘记了身体的不适，甚至于连饥渴也忘掉了。可是，孩子毕竟是孩子，事无巨细地问着父亲一路上所有的见闻，一路劳累的杜甫难免有些不耐烦，孩子便拽他的胡子，这情景真是让杜甫哭笑不得。但我们试想，孩子们许久没有见到父亲，该是多么渴望围在父亲身边，杜甫又怎么能忍心苛责这些孩子呢？与其说这是对孩子的苛责，不如说是杜甫对亲密父子关系的享受。不过，此时他并没有把全部心思放在与家人的团圆上，他同时也在担忧国家的前途，想着倘若能平定叛贼，即使孩子再聒噪，他都会心甘情愿地接受。

长安十年的苦苦追求，战乱之中的生死攸关，杜甫等来的只是一个已经被皇帝疏远的左拾遗的官职，带给妻子儿女的是长期分离而且贫困不堪的日子。但是，就是这样一个穷困得没有钱、没有地位的知识分子，却有着极强的社会责任感，有着良心。他爱他的家人，他也爱他的君主和国家，但是他本人没有回天之力，而只能在诗里面表达这样一种缠绵不断的忧国之情。《北征》和《羌村三首》是杜甫在经历了安史之乱后对自己家庭苦难和生活的摹写，虽然是在写自己，但也是在写所有处于战乱中的人，是对于一个时代的透射。

如果说官方的史书依靠宏观数据、重大事件、帝王将相的记录，来实现对这一段历史的理性再现的话，那么，杜甫则是依靠一个个平民百姓的具体遭遇、感受，依靠细微末节，依靠一次次真实微观的回忆实录来实现对这一段历史的感性重现。见微知著、因小见大，这就是杜甫的诗歌之所以为诗史的重大价值所在。

此次休假始于八月，一直到十一月杜甫才又回到朝廷，前后长达一百天左右。唐代官吏每十天休假一日，称为旬休。如遇节日，还另有假期。官吏有婚丧等事也可以给假。此外，父母居住在五百里以外的官吏，五年给一次探亲假，时间为十五天，父母居住在三千里以外的，每三年一次探亲假，三十五天。唐代还规定，即使是病假，最长也不能超过百日，逾期仍无法上班者要解除其官职。如未经请假而擅自旷职的，第一次发现，由御史台按规定扣发一定数量俸禄；再次旷职，加倍扣发；第三次旷职，则由御史台开列姓名官职上奏皇帝，由皇帝决定给予何种处分。可是，杜甫这次居然休息了三个多月，这显然不是一个好兆头，这是肃宗对杜甫的疏远。但是，杜甫还是照例在休假之后回到朝廷，那么等待杜甫的将会是什么呢？

第四章

悲离关畿成野老

丁酉歲
康震

白日放歌須縱酒青
春作伴好還鄉即
從巴峽穿巫峽便下
襄陽向洛陽

錄杜甫詩

康震書

唐肃宗至德二载（757）九、十月间，唐军先后收复长安、洛阳。唐王朝的复兴似乎只在咫尺之间！十一月份，探亲已经三个多月的杜甫满怀喜悦地带着家人从鄜州返回长安。具有强烈责任感的杜甫迫切希望为朝廷中兴效力，继续做他的左拾遗。十二月，已经是太上皇的唐玄宗也从四川回到长安。大唐王朝似乎就要翻开新的一页，盛唐的辉煌似乎就要再次照射到王维、贾至、岑参、杜甫这些盛唐诗人的身上。

初回长安，杜甫与贾至等人同朝，开始参与国家的事务。他在《奉和贾至舍人早朝大明宫》一诗中写道："五夜漏声催晓箭，九重春色醉仙桃。旌旗日暖龙蛇动，宫殿风微燕雀高。朝罢香烟携满袖，诗成珠玉在挥毫。欲知世掌丝纶美，池上于今有凤毛。"在这首诗中，诗人充满了乐观的情绪和对帝国中兴的自信。初春时节，唐代的宫殿中呈现出醉人的春色，旌旗招展的皇宫也显示出勃勃生机。早朝之后，杜甫与贾至等人赋诗作文，称赞贾曾、贾至父子先后给唐睿宗、唐玄宗父子起草传位册文，实乃天下的大文章家。总之，在杜甫的眼中，唐帝国已经充满了中兴的气象，甚至于已经呈现出一派君明臣贤的太平盛世的景象。

此时，唐肃宗与太上皇唐玄宗都回到了长安，看起来确实是其乐融融。然而，一场发生在新、老皇帝党派之间的政治斗争正在拉开序幕。长安、洛阳虽然已经被收复，但是唐王朝内部的矛盾才刚刚开始。那么，期盼政治清明、国泰民安的杜甫在新的矛盾旋涡中能否找到稳定的支点？他的为官之路将会走向何方呢？

宫闱倾轧　朝纲陵替

唐肃宗李亨二十八岁当上太子，一直到四十六岁才当上皇帝。十八年的太子生涯对于肃宗来讲并不容易，在这期间他屡屡遭到李林甫、杨国忠的恶毒算计与沉重打击，也屡次遭到唐玄宗的猜忌，真可谓如履薄冰、如临深渊。但是，他最终还是获得了玄宗的信任，坐稳了太子的宝座。这一方面是由于张垍、高力士等的保护，更重要的则是由于他自己在“仁孝谨静”四个字上下的功夫，即仁义、孝顺、谨慎、安静。比如他刚刚被册封为太子时，将要举行典礼，他嫌典礼中有关名称、礼服的颜色与皇帝的相同，主动要求更换，尽管这些完全符合礼仪的有关规定，但是他还是要求这么做。再比如，册封之后，太子可以坐着宝车从东宫去上殿，但是他自己要求步行前去，之所以这样做，还是希望通过自己的行为表现孝顺、谨慎的品质，以便取得父皇的好感。

这当然是一种特别的矫饰，但也是政治所需要的矫饰，既可以将其理解为一种政治手段，权宜之计的手段，同时，它也是政治环境所需要的一种个人品质，即作为一个王朝帝国的储君，未来的皇帝，就不能表现得飞扬跋扈、骄奢淫逸，就得规规矩矩做一个温、良、恭、俭、让的君子，这是许多太子的共同经历。可是，谨慎从事的过程也潜伏着一些问题，时间长了，这就不仅仅是一种政治的矫饰手段，而可能会内化成为一个人的性格。这种性格的有利之处在于不至于锋芒毕露而招致不满，因而可以在复杂多变的宫廷矛盾中生存下来，取得最后的胜利；不利之处则在于一旦登上君主的位置，这种性格也会继续延续下去，也就是说，这样的人当了皇帝以后，那种懦弱无能、谨小慎微、只注重眼前利益的缺点就会暴露无遗，一味地求全求妥，只注重如何保住皇帝的宝座，而不能从整个国家利益来考虑问题。肃宗性格中的这一方面不利于平定安史之乱这场空前的浩劫，同时也很难在安史之乱这一特殊时期处理好各种矛盾关系。

安史之乱中，洛阳、长安相继失守后，唐玄宗逃往四川，让太子在中原地区主持大计。这时，一帮谋臣帮助太子李亨在灵武即位，玄宗不得不接受既成事实。肃宗收复长安、洛阳，功不可没，唐玄宗返回长安后便以太上皇的名义下诏封其为“光天文武大圣孝感皇帝”；肃宗也不含糊，马上回敬给老爸太上皇一个“太上至道圣皇天帝”的荣誉尊号。这个时候，天下的军政大权尽入肃宗手中，玄宗要想顺顺利利地颐养天年，就得赶紧维护、加强非常微妙的父子关系。但是，父慈子孝的温情，在残酷的政治斗争面前是维持不了多长时间的。就在他们父子互相加封尊号后不久，以肃宗、玄宗为首的两大政治集团之间就开始真刀真枪地干了起来。此时，生性谨小慎微的肃宗暴露出性格的弱点，缺乏解决这些遗留问题的魄力和能力，导致双方的矛盾愈演愈烈。

玄宗做皇帝的时候住在兴庆宫，这次回到长安之后也住在这里，当时高力士、玉真公主等人都陪侍在玄宗左右。兴庆宫中有座长庆楼，南临大街，玄宗喜欢到楼上观览，有时候一些路过的父老看见他在楼上都要跪拜高呼万岁，玄宗也常常在楼下置办酒席招待前来看望他的一些老臣。

这就引起了唐肃宗身边的宦官首领李辅国的猜忌，他对肃宗说，太上皇住在兴庆宫，来来往往的都是开元天宝年间的老臣故人，恐怕会谋划什么对皇上您不利的事啊。那些在灵武支持您继承皇位的将士们都为此感到心里不安，您看该怎么办？肃宗哭着说，太上皇是仁慈之人，怎么能够容忍这样的事情！李辅国又说，太上皇肯定不会这么做，可是保不住他身边的人不这样做啊。再者说了，兴庆宫这个地方太接近市井大街，不是尊贵的太上皇应住的地方。让老人家住在太极宫的深宫之中，既可以远离小人，又可以颐养天年，大家又无猜忌之心，这样皇上与太上皇都可以享受平安快乐，不是很好吗？

根据史书记载，肃宗虽然没有听信李辅国的话，但是也没有明确反对这个主意。这一方面迫于维护灵武追随者的利益，另一方面也是碍于父子之情，不便明确表态，他这种含糊的态度就等于默许。于是，李辅国便假传肃宗圣旨，将兴庆宫配给玄宗的三百匹坐骑调走，只留下十匹，玄宗感慨："吾儿为李辅国所惑，不得终孝矣。"

肃宗的默许与懦弱退让，使得以李辅国为首一派更加无所顾忌。有一次，李辅国甚至率领五百骑兵，手持大刀，在皇宫拦住玄宗的车驾，叫嚷着说："皇上说了，兴庆宫太狭窄潮湿，不便居住，请太上皇到太极宫居住。"玄宗吓得差点儿从马上掉下来，高力士大喝命令李辅国下马行礼，并代替玄宗宣布皇命，命令骑兵不得动武，然后让李辅国与自己一同护卫玄宗进入太极宫甘露殿居住。做完这一切，当天李辅国率领各军统帅，前来向肃宗请罪。肃宗虽然是皇帝，但是必须顾及辅佐扶持他的这些大臣将帅的利益，所以只能说："住在兴庆宫、太极宫又有什么不一样呢？你们也是为了防止小人蛊惑太上皇，为了国家社稷着想，没有罪过！"这样一来，实质上就软禁了唐玄宗。但李辅国并未就此善罢甘休，紧接着又把陪伴在唐玄宗身边的高力士和玉真公主以及其他的玄宗旧臣全都贬斥到外地很远的地方。

此时的玄宗失去了行动的自由，失去了旧日的大臣，内心的绝望与孤独可想而知。虽然肃宗派遣玄宗的两个女儿万安公主、咸宜公主来照顾玄宗，将四方贡献的奇珍异宝送呈玄宗，自己也亲自前去看望，但是玄宗还是越来越趋于消沉。玄宗早年就笃信道教养生之术，这一时期变本加厉地开始修炼起来，他"不食荤，辟谷"，简单说，就是不吃饭而服食所谓的长生不老之药，可想而知，玄宗不仅没有健康长寿，反而渐渐走向虚弱，终于在公元 762 年去世，享年七十八岁。

与此同时，李辅国的权力越来越大，竟然想做宰相。肃宗此时心中已觉不妥，虽然想要除掉他，但由于李辅国掌握着禁军，担心会导致更大的混乱发生，最终没有能够实行。他的身体也越来越坏，耐人寻味的是，玄宗去世十三天后，肃宗也去世了。肃宗弥留之际，张皇后想要除掉李辅国，结果反被李辅国囚禁杀害。后来，李辅国又拥立新皇帝即位。这样看来，肃宗一开始出于自身的政治利益，默许李辅国的恃宠放纵，却终于养虎为患，李辅国的行为最终不仅伤害了玄宗，而且对唐宗室构成威胁，从此开启了有唐一代宦官掌管军队、废立皇帝的恶性先例。

鵕䴊联翩　移官离京

唐肃宗收复长安后，安史之乱还没有完全平息，国家还未从动乱中恢复过来，在唐王朝仍然需要众志成城、乘胜追击之际，肃宗君臣却开始了清除前朝遗老、排斥异己的举措。在宦官李辅国的挑拨下，唐玄宗被软禁在了太极宫内，既而李辅国等又开始清除玄宗朝的大臣，将他们逐个排挤出权力中心，很多人还遭到了贬谪，杜甫也遭受了同样的命运。这个历史政治背景其实就是后来杜甫辞官的根源所在。

其实在肃宗朝廷流亡的过程中，肃宗一党与玄宗一党的矛盾就开始形成并日趋激烈。当时玄宗携带了一批官员逃往四川，房琯被任命为宰相，任命书由中书舍人贾至起草。后来肃宗在灵武即位，玄宗派宰相房琯、韦见素与贾至去面见肃宗，授予传位诏书。肃宗虽然一度重用房琯，但是房琯、贾至以及与他们有着密切关系的杜甫都被看作是追随玄宗入蜀一党的人物，玄宗失势倒霉的时候，也就是这些人倒霉的时候。

唐肃宗乾元元年（758）春天，中书舍人贾至被贬为汝州刺史。这个事件就是玄宗一党与肃宗一党矛盾表面化的开始。杜甫写了《送贾阁老出汝州》一诗为贾至送行，诗的末尾说："人生五马贵，莫受二毛侵。"他宽慰贾至，说人生在世能够做刺史也很好了，不要因此难过而使得白发丛生。

这首诗写了还没有多长时间，杜甫的政治命运就发生了变化，他不得不离开左拾遗的职位。当然，这次不是他一个人遭遇挫败。这一年的六月，已经由宰相被贬为太子太师的房琯终于被贬出京。在房琯遭贬后，一群人也被逐出长安，被排斥在政治权力中心之外，因为这群人都被认作是房琯的亲信。当时给房琯归结的罪状主要有四条，这在《旧唐书·房琯传》中有所记载：其一，当宰相后，"率情自任，怙气恃权"，排斥"温让谨令"之士，重用"虚浮简傲"之徒，"升其亲友，悉彰浮诞之迹"。这条是说房琯担任宰相时独断专行，只提拔一些高谈阔论、没有实际能力的亲信，而排斥那些温良恭俭让的君子。其二，"亏制胜之任"，"丧我师徒"。这条是说在安史之乱中房琯连败两战，给帝国造成了很大的损失。其三，罢相后仍处高位，但是"乃多称疾疹，莫申朝谒"，"违臣子奉上之体"。这条是说房琯在被罢免宰相后，身居太子太师一职，这个官职虽然没有什么实权，但品级很高，属一、二品的大员。可是他却常常称病在家，跟一些人在一起谈诗论文，有失君臣之礼。其四，与旧党刘秩、严武等人"潜为交结，轻肆言谈，有朋党不公之名"。这条是说房琯与严武等人来往过密，有结党营私的嫌疑。

总而言之，肃宗从多方面否定了房琯，认为他作为宰相，言行不检点，用人不当，作战不利，罢相之后不关心朝政，与旧属交结，有朋党的嫌疑。于是房琯被贬官邠（bīn）州刺史，平时与他交好的友人也都被贬：刘秩贬官阆州刺史，严武贬官巴州刺史，杜甫贬为华州（今陕西华县）司功参军。华州其实距离长安不过七十公里，官阶还是八品，但这对于杜甫来讲已经有本质的区别。他再也不能参与唐王朝关于国事的讨论，而只能去管理一些杂碎的事务。

这次遭贬使杜甫非常伤感，《至德二载，甫自京金光门出间道归凤翔。乾元初，从左拾遗移华州掾，与亲故别，因出此门，有悲往事》一诗记载了他离开长安时的复杂心情：

此道昔归顺，西郊胡正繁。
至今残破胆，应有未招魂。
近得归京邑，移官岂至尊。
无才日衰老，驻马望千门。

昔日杜甫不幸陷贼长安，就是从金光门逃出长安，然后辛辛苦苦在凤翔找到皇上，做了左拾遗，当时郊区到处都是叛军，至今想起来还令人胆战心惊。后来侥幸随着皇上回到光复之后的长安，然而现在却又被贬至华州，这怎么能是皇帝的旨意呢？可他必须接受这些现实，说自己年老无才，不可能再次做京官了，走出金光门，不禁停下脚步回头望望宫廷，这种难舍、委屈、留恋、感慨的心情是可以想见的。而对于杜甫来讲，让他感到绝望的是，这次被贬不仅是个人的失败，而且是自己的政治知音、政治盟友集体的失败，这是一次全面的打击和失败。事实上，他不得不承认，这是李唐王朝对这一群心怀报国理想的盛唐文人的集体清洗。

华州苦热　羁旅萌归

杜甫被贬至华州担任司功参军，这个官职的主要任务是处理人事方面的琐屑小事，这使杜甫感到非常烦躁；而当时炎热的天气，又给他平添了几分烦恼。杜甫在《早秋苦热，堆案相仍》一诗中写道：

> 七月六日苦炎蒸，对食暂餐还不能。
> 每愁夜中自足蝎，况乃秋后转多蝇。
> 束带发狂欲大叫，簿书何急来相仍。
> 南望青松架短壑，安得赤脚踏层冰。

看起来，杜甫在华州的烦恼着实不少，不仅仅天气热，居住条件也很差，夜里竟然遇到了蝎子的袭击，可是到了秋后又会有更多的苍蝇。但最让杜甫头痛的不是生活环境的艰苦，而是生活内容的乏味，他每天必须整整齐齐地穿戴官袍、官帽，在衙门里规规矩矩地坐着办公，处理那些不断飞来、堆积如山的公文，这种生活着实让人感到窒息，更何况是杜甫这样一个才情四溢又有着远大政治理想的才子！于是，每当他远远地望着南面山沟上郁郁苍苍的青松，就生发出许多的遐想，他多么渴望能够逃脱这种枯燥的生活，到山里的冰面上奔跑，那会是多么清凉痛快！

事实上，我们可以看到，杜甫跟李白有着一样崇高的志向，即想做宰辅之臣，可现在却只是做了一个小小的司功参军，每天处理着一些繁杂的公文，这种生活对于杜甫来讲是一种巨大的折磨。加之被贬官到此，朝中那些跟他志同道合的人如房琯等现在统统地被贬他乡，此时，杜甫应该已经意识到自己很可能再也无法回到长安，无法再在帝王的身边实现自己的报国之志了，因此他的烦躁也在情理之中。

杜甫的烦躁固然是因为被贬为州县小吏而与他的志向不合，也与当时的政局整体排斥玄宗党人有关，但是由此而形成的与诗人人生追求的巨大反差，眼睁睁地看着自己的理想与人生擦肩而过才是造成烦躁的主要原因。所以，当我们再来感受杜甫当时那种烦躁情绪时，我们知道这不仅仅是对仕途的失望，同时也饱含着一种古代知识分子所特有的清高情结。陶渊明有不为五斗米折腰，愤然去职的故事，就是不愿意为了做官而扭曲自己的人格尊严，表现了知识分子的高洁之志。这种情绪已经埋下了杜甫意欲辞官的伏笔。但是，此时的杜甫还没有下定决心告别仕途，一方面，他一时还不能完全相信自己的政治追求从此就画上了句号，另一方面，他还需要靠这份俸禄养家糊口。

可能是为了摆脱在华州的烦恼与琐事，也可能是离家太久，杜甫决定回洛阳老家去看看，从天宝十四载（755）在长安做官后来逃往鄜州算起，他离家已有四五年时间了。就在杜甫探家结束从洛阳回华州的时候，战局又发生了重大的变化，这对于国家和每一个老百姓来讲，都是不幸的，但是对于杜甫来讲，时局的恶化促成了杜甫诗歌创作新的飞跃。

三吏三别　心忧黎庶

乾元二年（759）正月，安禄山已经死去两年，他的儿子安庆绪据守邺城（今河北临漳）以南，军队驻扎在相州（今河南安阳）以北。唐军统帅郭子仪率领九路节度使兵马前来攻打，安庆绪的同伙史思明前来相救，唐军与叛军在相州摆开阵势。两军交战之中，大风忽起，吹沙拔木，天昏地暗，两面的军队都不得不溃退，在此过程中郭子仪的军队损失惨重，原有战马万匹，现在只剩下三千匹，车仗辎重原来有十万，现在全部损失了，被迫退守河阳，即黄河北岸的河南孟县。这次战役的失败不仅与自然灾害有关，与用人也有很大关系，紧急拢合起的九路节度使，虽然都是来攻打安庆绪统领的安史叛军，但多少又都有着自己的算盘，根本谈不上什么同心协力，所以遇到一点问题，马上就溃不成军。

溃散中，一些军士乘机劫掠百姓，刚刚遭受了叛军铁蹄蹂躏的百姓又受到了官兵的伤害。这个时候，正是杜甫离开洛阳返回华州的时期。一路上，诗人目睹了战争致使民生凋敝的残酷现实，看到了遭到战乱之苦的百姓的颠沛流离。他一方面更加痛恨安史叛军，另一方面，也进一步认识到唐王朝统治集团内部的腐败，从而对广大人民寄予了更深刻的同情，同时他又希望民众一起投入到平叛战争之中。在这种矛盾的心态下，杜甫写出了光照千古的“三吏”“三别”，即《新安吏》《石壕吏》《潼关吏》和《新婚别》《垂老别》《无家别》。这两组诗在反映人民苦难的同时，也从广大人民勇于承担国难所表现出的坚毅中看到了国家的希望。

先来看“三吏”。《新安吏》讲述了官府在河南新安地区征兵，征到一个孤儿，这个孩子没有家人照顾，小小的年龄又必须冒着生命的危险去前线打仗。杜甫很同情他，就鼓励了他一番。《潼关吏》是要告诫戍守长安东大门潼关的唐朝军队，不要犯哥舒翰的错误。《石壕吏》是流传很久的名篇，此时杜甫正好在洛阳西去华州的途中，诗中写道：

> 暮投石壕村，有吏夜捉人。老翁逾墙走，老妇出门看。吏呼一何怒，妇啼一何苦。听妇前致词，三男邺城戍。一男附书至，二男新战死。存者且偷生，死者长已矣。室中更无人，惟有乳下孙。有孙母未去，出入无完裙。老妪力虽衰，请从吏夜归。急应河阳役，犹得备晨炊。夜久语声绝，如闻泣幽咽。天明登前途，独与老翁别。

这首诗写了杜甫亲眼所见的一个故事：诗人晚上投宿在石壕村，突然听到有官吏前来敲门要捉人，足见当时战势的紧急和官军的蛮横。老头儿一翻墙就没影儿了，而由老太太开门应付。听见官吏暴喝一声，这个老太太便伤心地哭了起来，一边哭一边絮絮叨叨地说起家中的情况：自己的三个儿子都已经参加邺城战役了，邺城的战斗非常酷烈，其中一个儿子写信说两个兄弟都刚刚在战争中死了。这实际上已经违反了唐朝的征兵制度，一般是三男出一男，就不能再征了，可是在国家特殊时期这家的三个儿子都已经上了前线，而且两个已经阵亡。对于老太太来说，活的人只不过是苟且偷生，死的人现在就不想了，就当这个儿子没有出生过。现在家中已经没有别人了，只有一个正在吃奶的孙子，这是家中唯一留下的骨血，而孩子的妈妈现在也无法出来见人，因为生活实在太窘迫了，没有一件完整的衣裙。老太太接着说，如果你们一定要再征一个人去军队，我愿意连夜跟着你们去，第二天早晨还来得及给河阳的军队做早饭。夜渐渐深了，说话的声音消失了，一切又恢复了寂静，却隐隐听到幽幽咽咽的哭泣声。第二天一大早，诗人只能与老翁一个人告别了。而谁又能保证，下次官吏再来捉丁的时候，老翁能幸免？

这首诗的主题非常复杂，事情发生在郭子仪的军队在邺城之战中退守洛阳之后，局势极其危险。洛阳是唐王朝的东都，倘若失守，帝都长安也就面临着再次沦陷的危机。郭子仪并不愿意连夜派官兵四处捉人，但对于一个统领军队的将军来说，他必须尽一切可能保住唐王朝的都城不受侵犯。作为老太太，她也应该非常清楚国家所面临的困境，三个儿子中两个都死了，仅存的一个儿子生死未卜，但是，她依然愿意跟官吏走，早上还能给军队做早饭，这显然也是出于国家的大义。老头儿之所以爬墙跑了，是因为家中还得留下一个人来照顾小孙子和儿媳妇，因为一旦去前线很可能就回不来了，留下个男人能够更好地照顾家里。后人在评此诗时，常常称赞这个老太太有丈夫气，而“老翁逾墙走”肯定是他们早就商量好的，对于战争、对于家庭的未来他们已经有了充分的思想准备。我们可以想见杜甫创作此诗时沉痛而矛盾的心情，他一方面同情老百姓在战争中的生离死别，另一方面又觉得老百姓应当急国家之难，对勇于投入战争的老太太给予了深深的崇敬。

杜甫之所以没有被征兵上前线，可以成为这一切事情的目击者，是因为他是世家子。唐朝规定世家子，即其祖父、父亲、曾祖父都是做官的，他本人也是做官的，就可以"生常免租税，名不隶征伐"，自己不用交个人税，也不用服徭役、兵役。

"三别"也记述了三个感人的故事。《新婚别》讲述一个新婚不久的妻子要送自己的丈夫上前线的情景，尽管非常舍不得丈夫离开自己，也担心丈夫会在战场上失去生命，但她最终还是鼓励丈夫说"与君永相望"，用坚贞不渝的爱情来坚定丈夫的斗志，足见当时女子的深明大义。《垂老别》讲述了一个家中没有孩子的老人，自己也被征兵作战，临上战场前跟自己的老太太告别的情景。《无家别》则讲述了刚刚从前线上溃退回到家的战士的故事：

> 寂寞天宝后，园庐但蒿藜。我里百余家，世乱各东西。存者无消息，死者为尘泥。贱子因阵败，归来寻旧蹊。久行见空巷，日瘦气惨凄。但对狐与狸，竖毛怒我啼。四邻何所有，一二老寡妻。宿鸟恋本枝，安辞且穷栖。方春独荷锄，日暮还灌畦。县吏知我至，召令习鼓鞞。虽从本州役，内顾无所携。近行止一身，远去终转迷。家乡既荡尽，远近理亦齐。永痛长病母，五年委沟谿。生我不得力，终身两酸嘶。人生无家别，何以为蒸黎。

诗歌通过一个征夫的口吻，讲述了自己出发之前，既没有亲人送别，也没有家人可以告别，反映了安史之乱使京兆人民家产丧尽、家庭破碎的悲哀。即使如此，征夫仍对家乡有着旧鸟恋故林的留恋之情，但是，这种愿望都只是奢求。战争使征夫一次一次地出征，甚至连母亲去世也不能亲手埋葬。杜甫正是通过这一个小家庭反映了整个大社会，表现了心系国家、心忧苍生的社会责任感。

“三吏”“三别”象征着杜甫的诗歌创作进入到了一个新的阶段，即由盛唐时期的理想主义情绪过渡到对社会现实的关注。他的诗歌创作不仅仅是揭露统治阶层的黑暗及对自己怀才不遇情怀的抒发，而是开始向下看，更准确地说，是他作为民众当中的一员，已经开始深切地体会下层民众的生活，他的情感已经完完全全地融入广大的老百姓当中。他所想的、他所写的、他所说的都是老百姓的心声，从这个意义上讲，“三吏”“三别”包括以后所写的一系列诗篇，都从人文关怀的角度，体现了当时知识分子对安史之乱中饱受苦难的老百姓的关注。这里面有他对整个时局的看法，有对战争性质的认识，有对官府的抨击，有对百姓的体恤，有对朝廷的体谅，有对国家的一片赤诚之心。

因此，杜甫的诗有一个特点，他的眼睛越朝下看，他的思想境界就越高，他看得越低，深入得越低，他的境界就越高。正是从这个意义上，我们说杜甫的诗是一个时代的代言，是一个时代的心声。杜甫遭遇了不顺利的仕途，遭遇了战乱，这是他本人的不幸，但是却是诗坛的万幸，正是一个不公道的世道、一个动荡的乱世，才玉成了一代诗圣杜甫。

回顾杜甫的诗歌创作历程：如果说杜甫早期的代表作《望岳》，象征着青年杜甫在漫游生活中对盛唐王朝的希望与热情的话；如果说《兵车行》《丽人行》，特别是《自京赴奉先县咏怀五百字》象征着中年杜甫在长安十年困顿的求官生活中对盛唐王朝黑暗角落的深刻认识与揭露，从而迈出了现实主义诗歌创作的第一步的话；那么，《北征》《羌村三首》以及“三吏”“三别”则是中晚年的杜甫在安史之乱中的切身感受与如实记录，是对于盛唐王朝遭受巨大创伤的忠实记录，正是这一系列的作品构成了一个宏大的叙事系列，正是这一个叙事系列，描绘了盛唐王朝由盛转衰的历史画卷。

蒸黎难为　归去来兮

杜甫一直用诗歌记录着动乱中的大唐，千年之后我们依然可以从这些鲜活、真切的诗句之中依稀看见当年的情境，感受到字里行间流溢出的对苦难人民的无限悲悯之情。然而，一直忧国忧民的杜甫却身居微不足道的八品小官无力回天，他的仕途将如何延续？在无奈、绝望之极的时候，他将做出怎样的抉择？

回到华州不久，整个长安地区发生大规模的旱灾。杜甫《夏日叹》《夏夜叹》两诗对此作了记述：

> 夏日出东北，陵天经中街。朱光彻厚地，郁蒸何由开。上苍久无雷，无乃号令乖。雨降不濡物，良田起黄埃。飞鸟苦热死，池鱼涸其泥。万人尚流冗，举目唯蒿莱。至今大河北，化作虎与豺。浩荡想幽蓟，王师安在哉。对食不能餐，我心殊未谐。眇然贞观初，难与数子偕。（《夏日叹》）

> 永日不可暮，炎蒸毒我肠。安得万里风，飘飖吹我裳。昊天出华月，茂林延疏光。仲夏苦夜短，开轩纳微凉。虚明见纤毫，羽虫亦飞扬。物情无巨细，自适固其常。念彼荷戈士，穷年守边疆。何由一洗濯，执热互相望。竟夕击刁斗，喧声连万方。青紫虽被体，不如早还乡。北城悲笳发，鹳鹤号且翔。况复烦促倦，激烈思时康。（《夏夜叹》）

在这两首诗中，杜甫都因天气酷旱而忧时伤乱，在《夏日叹》

中，杜甫见到“朱光彻厚地”“良田起黄埃”“飞鸟苦热死，池鱼涸其泥”，赤地千里，农田荒芜，百姓流离失所。流民们“万人尚流冗，举目唯蒿莱”的惨况让他“对食不能餐”，悲叹贞观治世和贤良宰相的眇然长逝。在《夏夜叹》中，杜甫夏夜开轩纳凉，却想到戍边的士兵此刻正在挥汗戒备，连洗濯的条件都没有，不禁发出深沉叹息，缅怀过去那种国泰民安的太平岁月。

这个时候，杜甫的思想发生了很大的转变。被贬华州之时，他也曾写了不少怀才不遇的诗篇，那是个人的牢骚，是对自己政治人生失败的慨叹；而从洛阳回来之后，经历了动乱的洗礼，目睹了最广泛的人民群众的生存状态，他抒发的就是老百姓的苦难与牢骚，是时代的苦难与牢骚，他开始成为唐王朝艰难岁月的代言人。

面对国家这样的局面，杜甫也失去了继续做官的热情。早年得罪了皇帝，现在又贬至华州，每天看长官的脸色，处理琐碎不堪的公事，领取的俸禄又无法在大旱灾年之际维持全家的生计。《新唐书·杜甫传》记载杜甫因为“关辅饥，辄弃官去”，即是说关中地区爆发大规模的旱灾，导致杜甫弃官而去。

其实，杜甫的俸禄不算太少。唐朝官员的俸禄包括禄米、土地、俸料三大项。第一是禄米，八品官每年实际供给的禄米是六十石，合现在的七千多斤，如果没米可以拿盐代替。第二是土地，唐代的官给土地，分为职分田和永业田。永业田指有勋爵、有官爵、有封号的可以世世代代传下去的田地，职分田指做官的时候分的田地，不任职时再由国家收回去，九品官有二百五十亩地，每亩收六升的租率出佃，一年下来也有一千八百斤粮食。第三是俸料，包括月俸、食料、杂用、庶仆等，八品官一个月下来是两千五百五十文，能够买一万多斤粮食。算起来，杜甫每年有八千八百斤粮食和两千五百五十文钱，这应该是很富有的生活了。

但是，这是官方在太平年间的规定，而杜甫却非常倒霉，从天宝十四载（755）开始做官，一直到他大历五年（770）去世，前后都是安史之乱爆发及延续的时期。在这一战乱时期，人口锐减，生产力遭到空前的破坏，许多官俸根本无法兑现。战乱时期物资缺乏，物价上涨，开元、天宝盛世时期，一斗米卖二十文到三十文，安史之乱中，一斗米涨到七千到一万文。以杜甫两千五百五十文钱的月收入，只能买到半斗粮食。关中遭遇大旱，杜甫无法拿到俸粮，职分田也是颗粒无收。可是，杜甫还需要养活一大家子人，当然就撑不下去了！

同时，长安、洛阳地区再次陷于战乱之中，这更使得杜甫感到在政治上失去了前途，于是他毅然决然地离开了官场。他在这一时期写的一首诗《立秋后题》表露了自己辞官的原因：

日月不相饶，节序昨夜隔。
玄蝉无停号，秋燕已如客。
平生独往愿，惆怅年半百。
罢官亦由人，何事拘形役。

这首诗是说自己平生想要的生活就是自由自在、不受拘束，现在辞官不做也是自己的选择。他表明自己辞官的原因是不愿受到那些条条框框的约束，要做个自由自在的人。

从年轻的时候开始，杜甫就一直在为仕途奔走奋斗，受尽了白眼和苦难，但是又换来了什么呢？——家人不能团聚，颠沛流离的生活，皇帝的贬斥，权贵的轻视。他最初仅做了右卫率府胄曹参军这样一个小官，几个月后安史之乱爆发，他冒着生命危险投奔肃宗，被叛军抓住。后来又担任左拾遗，官居八品，不过一年的时间就遭到皇帝的严厉斥责和疏远，很快就又被贬为京郊的小官。算起来，这十来年的做官经历距离他“致君尧舜上”的目标实在太远，而现在

丁酉歲 康震

萬里悲秋常作客
百年多病獨登臺

康震

连生活都成问题，杜甫还有什么理由呆在这个让他伤心的地方呢？所以杜甫的弃官而去，是不得已而为之，虽然有经济上的困扰，但是从这首诗能够看出来，理想的失落与现实的困顿是他离开官场的主要原因。

在这种情况下，杜甫怎么可能再写出那种“一览众山小”的诗？在动乱的年代，他既是成千上万战乱民众中的一员，又是一个思虑深刻的大诗人；他既经过叛军的拘捕羁押，又曾在唐肃宗的朝廷中担任中央官员；他既要思考国家的命运，又要照顾家庭。在这个过程中，他对于人生、国家、朝廷、道德、正义的思考达到了一个新的高度。

如果说在年轻时期，“会当凌绝顶，一览众山小”是对于盛唐时代精神的回望，长安十年使他对于朝廷腐败堕落有了更深刻的认识，那么安史之乱的经历，使得他的目光集中到了普通民众的身上，他用诗笔记录了动乱时期国家民众的精神面貌。杜甫在经过了长安十年、安史之乱后，完成了人生境界的升华，现实主义诗人的名号不是那个时代硬塞给他的。身处穷困之地，心怀远大志向，又拥有天才的艺术创造力，这些都成就了杜甫“诗圣”之美名。

第五章

历秦窜蜀问乐土

乾元二年（759），杜甫从洛阳前往华州。此时正值春夏之交，关中地区又发生了大规模的饥荒，官场不甚得意的杜甫一路上目睹天灾人祸下人民的惨状，对朝廷政治感到彻底失望。于是他决心放弃对官场的追求，辞官西行。

度陇客秦　衣寒无食

杜甫带着一家人远离被饥荒肆虐的长安，一路西奔秦州，秦州即现在的甘肃天水，是一个西北边陲小城，距离长安七百八十里路，当时的人口有十万九千多人，比起长安百万人口来说，当然是个很小的城市。那么杜甫弃官之后为何会来到这个小城市呢？

现在看起来主要是有这么几个原因：

首先，与长安、洛阳相比，秦州远离战乱。自755年安禄山起兵、安史之乱爆发以来，三年多的战争使得百姓流离失所、骨肉离散，巨大的动乱局面对杜甫的心灵造成了强烈的冲击，此时安定和平是杜甫最重要的一个心理需求。这使得他在选择居住地时，就希望远离战场、远离战争，寻找一个相对偏僻、安静的地方。秦州地处西北边陲，具备这个条件。

其次，安史之乱爆发后，首都长安、东都洛阳一直都是叛军与唐军争夺的焦点，是战争的主战场。长期的战争使得两京地区民生凋敝、经济衰退，首都收复之后，又有大批的官员、军队回到这里，加重了两京地区的经济负担，致使物价上涨。杜甫虽享有俸禄，但是适逢灾年，俸禄大幅度地贬值，因此不得不选择一个地僻人稀的地区居住谋生。

再次，从地理条件上来讲，秦州也是一个进退可据的选择。安史之乱所波及的地区大体是：北至范阳（今北京）、云中（今山西大同），南至湖北襄阳，东至睢阳（今河南商丘），西至长安，中间以太原为中心。如果杜甫选择去北方、东方、东南方，不仅路途遥远，而且需要穿越大片的敌占区，在不同程度上存在着实际的困难。再者，当时的形势较为复杂，许多藩镇节度使都在观望朝廷的动向，随着国家局势的变化，随时都有发生新的暴乱的可能。秦州距离长安不远，形势比较稳定，杜甫在秦州就近可以观望长安的动态，如果长安、洛阳地区战乱平息的话，便可以随时回来；如果战乱不能平息，并且进一步波及周边地区，无法在秦州停留了，还可以从秦州再往西南方向去。事实证明，后来杜甫也确实如此做了。

前文提到，杜甫这次从华州弃官来秦州是逃荒，是为了逃避关中地区的灾荒年景，是为了养活一家人。虽然杜甫在诗中说自己的离开是不愿意受官衙里的那个窝囊气，但是经济问题、温饱问题毕竟是杜甫不得不为全家考量的现实。秦州虽然距离长安较远，人口较少，相对太平，物价水平也不高，但却是个地瘠民贫的落后地区，要想在这里过上丰足的日子，也非易事！单凭杜甫只手之力恐怕不行，因此就得借助朋友之力，而杜甫之所以选择秦州也是因为这里有几位朋友可以给他撑腰壮胆。

第一位就是他的族侄杜佐。杜甫的这位族侄与他同为襄阳一支的杜氏，关系很近。在写给杜佐的诗中，杜甫将他比喻为魏晋时期的竹林七贤，“多病秋风落，君来慰眼前。自闻茅屋趣，只想竹林眠。满谷山云起，侵篱涧水悬。嗣宗诸子侄，早觉仲容贤”（《示侄佐》），在杜甫眼中他十分善于经营生活，有自己的房屋，有自己的田地，有自己的蔬菜瓜果园子，生活比较富裕，过着逍遥自在的隐士生活。这对于携家带口、身处逃荒生活中的杜甫来说，简直是莫大的诱惑！他也企盼做个像杜佐那样身居世外桃源的隐士。但是，若想在秦州这样一个地僻人稀的地方安身立命，经济基础最重要，杜甫初来乍到，少不得要向杜佐伸出求援之手。然而杜甫毕竟是长辈，毕竟是个做过京官的人物，毕竟是个知识分子、是个诗人，在伸出求援之手时，仍需通过一种艺术化的手法来美化和维护自己的身份。

我们来看看杜甫是怎么向杜佐开口的，他在《佐还山后寄三首》其二诗中写道：

白露黄粱熟，分张素有期。
已应舂得细，颇觉寄来迟。
味岂同金菊，香宜配绿葵。
老人他日爱，正想滑流匙。

这首诗写得饶有情趣。诗中说，白露节已过，黄粱谷子已熟，上次临别的时候，您曾许诺送些粟米给我，可是仍不见粟米送来。我想并非是您忘记，而是您让人特意将粟米再舂得更加细些，所以耽误了送来的时间。试想这新舂好的粟米饭再配上绿葵菜，真是芳香可口，哪是金菊所能比拟！我平生最喜欢吃的就是这松软香甜的粟米饭了，想着想着，就好像看见粟米饭的颗粒就在汤匙里滑动，真是馋死人了！这就是杜甫向人张口求援的便条，但是通过诗歌的形式表现出来，委婉而高致，让我们体会到了艺术的享受。

在杜甫之前，诗歌的功能较为狭窄，局限于抒情、言志、写景而已。曹丕《典论》说，文章是“经国之大业，不朽之盛事”，把诗歌文章看作是治理国家、永垂不朽的伟大事业，所以从事诗文创作一定要写重大事件，写与王侯将相等重要人物有关的事情。这其实是将诗文的功能单一化了，将诗文创作僵化了。但是杜甫赋予了诗歌以表现日常生活的意义。换句话说，诗歌在杜甫的手中走下了高不可攀的圣坛，进入了普通百姓的寻常生活中。

在杜甫这里，任何题材都可以入诗，诗歌不仅可以抒情言志，还能充当生活中各种各样的媒介。诗真正成为一个人生活的一种表达方式和一种精神存在的方式。所以杜甫说“诗是吾家事”，一方面是说，他的家族从来就是一个诗歌创作的家族；另一方面，也说明诗在杜甫的日常生活和精神生活当中占据着非常重要的地位。一张借条、一封书信、一篇日记、一个问候……总之，诗歌在杜甫的手中，开始走向平民的题材、走向日常的生活、走向大众的趣味，这是诗歌发展史上的一个重要阶段。

杜甫在秦州还有一位僧人朋友，叫赞上人，杜甫尊称他为赞公。当年杜甫被叛军抓到长安拘押期间，这位赞公曾经帮助过杜甫。赞公曾经担任长安大云寺的住持，大云寺是皇帝下诏在全国各地建立的寺院，因此赞公也是属于官僚系统中的僧人，是衙门化的皇家佛寺僧人，赞公来到秦州，很可能是遭到贬斥所致。杜甫能在这个地方见到赞公，当然非常高兴，他在《宿赞公房》诗中说：“杖锡何来此，秋风已飒然。”可知杜甫并不知道赞公被贬逐于秦州，诗中又说：“相逢成夜宿，陇月向人圆。”昔日好友不期而遇，相谈甚欢，进而秉烛夜谈，对杜甫而言这已是一大快意之事，所以赋诗以志。杜甫刚刚来到秦州，临时住所的条件非常恶劣。根据杜甫《秦州杂诗二十首》之十七记载：

边秋阴易久，不复辨晨光。
檐雨乱淋幔，山云低度墙。

鸬鹚窥浅井，蚯蚓上深堂。

车马何萧索，门前百草长。

这所房屋门前杂草蔓生，连一条像样的车马道都没有，更遑论有车马经过。秋意萧萧，白昼渐短，阴雨连绵，檐前幔布都已被雨淋得湿透，院子里到处都是积水。房东人家畜养的用以捕鱼的鸬鹚就在院子的井边探头探脑，寻找吃食，蚯蚓也从泥土里钻出来，爬到堂屋里面避潮。可以说是满目凄凉，狼狈不堪。生活的环境这般恶劣，所以杜甫希望能尽快找一处适宜居住的地方，把家安顿下来，他因此邀请赞公陪他一起在秦州的郊区寻访一处可以安居的地方。这位赞公也确实很够朋友，杜甫在《西枝村寻置草堂地夜宿赞公土室二首》中详细记录了他们寻找居住之所的经过。

出郭眄细岑，披榛得微路。溪行一流水，曲折方屡渡。赞公汤休徒，好静心迹素。昨枉霞上作，盛论岩中趣。怡然共携手，恣意同远步。扪萝涩先登，陟巘眩反顾。要求阳冈暖，苦陟阴岭沍。惆怅老大藤，沉吟屈蟠树。卜居意未展，杖策回且暮。层巅余落日，早蔓已多露。

天寒鸟已归，月出人更静。土室延白光，松门耿疏影。跻攀倦日短，语乐寄夜永。明燃林中薪，暗汲石底井。大师京国旧，德业天机秉。从来支许游，兴趣江湖迥。数奇谪关塞，道广存箕颍。何知戎马间，复接尘事屏。幽寻岂一路，远色有诸岭。晨光稍朦胧，更越西南顶。

杜甫出城后披榛涉水，才来到赞公的住处，接着他们两个人从早到晚，翻山爬坡，到距离秦州六十里的东柯谷一带探访住处，辛苦了半晌，结果并没有看到合适的地方，此时日已西下，山顶只残留一抹余晖，寒露都已凝结在蔓草上。他们赶紧往回赶，趁着月色回到了赞公的住所，而所谓的住所也仅是一个小小的简陋窑洞，条件亦差，连蜡烛都没有，只有亮晃晃的月光照进窑洞里，他们找来些柴草，一面烧些热水，一面也算点个亮光。

在秦州，杜甫也与本地人有过交往，关系还不错。比如有位名为阮昉的秦州人，在自己家境并不充裕的情况下，仍给予杜甫生活上的照顾。杜甫在给阮昉的诗中说：

陈留风俗衰，人物世不数。塞上得阮生，迥继先父祖。贫知静者性，自益毛发古。车马入邻家，蓬蒿翳环堵。清诗近道要，识子用心苦。寻我草径微，褰裳踏寒雨。更议居远村，避喧甘猛虎。足明箕颍客，荣贵如粪土。（《贻阮隐居》）

看起来这位阮籍后人的住所也是寒伧简陋，围墙上到处都是蒿草，自己的年岁也很大了，却还是很热心地关心着杜甫这位新来者的生活，冒着寒雨前来探望杜甫。在另外一首诗《秋日阮隐居致薤三十束》中，杜甫写道：

隐者柴门内，畦蔬绕舍秋。
盈筐承露薤，不待致书求。
束比青刍色，圆齐玉箸头。
衰年关鬲冷，味暖并无忧。

阮昉不待杜甫开口就主动为杜甫送来三十束薤（xiè），薤也叫做藠（jiào）头，是一种草本植物，地下长有鳞茎，可以食用。藠头嫩、脆、酸、甜，并略带辣味，十分爽口，有着健脾开胃、去油腻、增食欲的作用，好比今天下饭就粥的上等小菜。藠头也可以做菜肴的配菜，特别是酸辣甜的藠头，用来炒鸡杂或鸭下水，实在是美味。如果说杜佐给杜甫送来粟米是杜甫要求救济所得，那么这位非常热情的阮昉主动给杜甫送来了洁白晶莹、像玉箸头一样圆润的藠头，虽然只有区区三十捆，但是对于衣食有虞的杜甫来说，是一家的口粮，是填饱肚子的重要保障。可想而知，杜甫在接受的时候，心中必定充满了感激。

杜甫在秦州的生活确实艰难，他当时有一首《空囊》诗，写得也很有意思：

> 翠柏苦犹食，晨霞高可餐。
> 世人共卤莽，吾道属艰难。
> 不爨井晨冻，无衣床夜寒。
> 囊空恐羞涩，留得一钱看。

诗人一开始就说自己并不是像那些求仙长生的人修炼辟谷之术，而是真的快要因为饿死而升天了。接着他分析了导致目前这一境况的原因，世上的人都愿意苟活于世，而他却偏偏要行兼济之道。结果现在却到了饥寒交迫的悲惨地步：早上起来吃不到早饭而感到寒冷，晚上没有衣被而感到寒冷，口袋里也羞涩地没有什么钱了，但是诗人却唯恐这穷口袋太寒酸，只好留一文钱看守着口袋，这样多少让口袋觉得不是那么没有面子。这是穷人的自嘲与幽默，是黑色的幽默，饱含着人生的苦涩。

“生计”看来是杜甫在秦州自始至终思考的头等大事，但是这不等于杜甫不关心朝野大事。这一时期朝廷在与安史叛军的交战中屡屡失手，于是将戍守陇西边疆的军队调动至关中与关东地区与敌军抗衡。在这样的局势下，杜甫一方面担心关中地区安史叛军与唐军交战的形势发展对唐帝国不利，一方面担心由于抽调戍守西北军队而造成西北边境空虚。他在《秦州杂诗二十首》其七中表达了自己的忧虑：

莽莽万重山，孤城石谷间。
无风云出塞，不夜月临关。
属国归何晚，楼兰斩未还。
烟尘一长望，衰飒正摧颜。

杜甫说，我现在住在莽莽重山之中的孤城秦州。在山城中因山势险阻而无法感到风吹，但天上的云却飘出边境，黄昏时，虽然天色尚未全黑，昏暗中却可看到皎洁的月光。我心所望的是使节的正常往来，但像苏武那般的和平出使，实在缓而不切；我也盼望见到平定叛乱凯旋的战士，就像傅介子一样持节斩楼兰国王献首于阙，但这又是千古难遇。我现在所能望见的，却只是无穷无尽的高山和深秋季节衰败的景象。面对这般难堪的现实，真有内外交困之感，叫我怎能不“摧颜”。

在杜甫看来，目前的强敌当然是安史叛军，但是西部的吐蕃也非常强大，对于唐朝的威胁不容忽视。虽然从唐太宗以来与吐蕃的和亲政策执行得比较成功，保住了西域边陲的稳定安宁，但是西部边境的过度空虚显然是一个巨大的隐患。和亲政策并非是一个一劳永逸的方法，只是暂时可以起到稳定边疆的作用，因为从实质上来讲，和亲只是暂时平衡双方力量差距的方法，提出和亲的一方往往是因为暂时没有实力或没有余力而采取的权宜之计，而一旦力量足以抗衡之时，就会拒绝和亲，往往又会发动新的战争。事实上，在安史之乱期间，吐蕃军队就趁着唐朝无暇顾及西部边境之机，屡屡侵犯，烧杀掳掠，秦州这个地方又是胡汉杂居的地区，政治军事形势非常复杂，杜甫的忧虑具有相当强烈的现实意义。

后来，事态的发展果然印证了杜甫的这个预言。据《资治通鉴》记载，广德元年（763）七月，“吐蕃入大震关，陷兰、廓、河、鄯、洮、岷、秦、成、渭等州，尽取河西、陇右之地。唐自武德以来，开拓边境，地连西域，皆置都督、府、州、县。开元中，置朔方、陇右、河西、安西、北庭诸节度使以统之，岁发山东丁壮为戍卒，缯帛为军资，开屯田，供糗粮，设监牧，畜马牛，军城戍逻，万里相望。及安禄山反，边兵精锐者皆征发入援，谓之行营，所留兵单弱，胡虏稍蚕食之；数年间，西北数十州相继沦没，自凤翔以西，邠州以北，皆为左衽矣”。因为安史之乱爆发后，唐朝调河西、陇右、西域等地军队的精锐东援，吐蕃乘虚而入，当地守军力不能支，河陇、西域之地先后为吐蕃所占。唐蕃战争的主要战场东移到今宁夏、甘肃东部、陕西以及四川西北部，唐蕃双方由以河陇、西域两个战场互相策应改为以今陕甘宁一带和今川西北一带两个战场互相策应。吐蕃经常长驱直入唐境，最后兰、廓、河、鄯、洮、岷、秦、成、渭等州都被吐蕃攻占，唐都长安也处于吐蕃的威胁之下，代宗广德元年（763），吐蕃甚至一度攻占长安。

不久，杜甫又必须离开秦州了，因为他无法解决生计问题。尽管友人赞公非常热情地陪他寻找居住之所，但是终究没有找到合适的地方，这使杜甫一家人居无定所。同时，他又没有经济来源，也不能长期依靠杜佐、阮昉等，因为这些友人原本也并不是十分富裕，只能暂时资助杜甫渡过难关，无法长期提供杜甫生活所需。

卜居同谷　寒天拾栗

杜甫离开秦州后，选择前去位于秦州西南方向二百六十多里、地名叫同谷的小城。他在《发秦州》一诗中写出了之所以要离开秦州去同谷的理由：

我衰更懒拙，生事不自谋。无食问乐土，无衣思南州。汉源十月交，天气凉如秋。草木未黄落，况闻山水幽。栗亭名更嘉，下有良田畴。充肠多薯蓣，崖蜜亦易求。密竹复冬笋，清池可方舟。虽伤旅寓远，庶遂平生游。此邦俯要冲，实恐人事稠。应接非本性，登临未销忧。谿谷无异石，塞田始微收。岂复慰老夫，惘然难久留。日色隐孤戍，乌啼满城头。中宵驱车去，饮马寒塘流。磊落星月高，苍茫云雾浮。大哉乾坤内，吾道长悠悠。

“无食问乐土，无衣思南州”，这是杜甫离开秦州的主要原因。在秦州，杜甫无法得到有力的帮助，靠他这样不懂经营的人白手起家，确实有很大的困难。此外，秦州处于陇西东西交通要道，一方面来来往往的人太多，苦于应酬；另一方面，秦州也是朝廷调兵遣将的战略要冲，如果一旦吐蕃图谋不轨，战火很可能会波及秦州，这令饱经战乱之苦的杜甫非常担心。当然，秦州这个地方物产贫瘠，名胜很少，这对于诗人而言，真是难以久居之地啊。这些理由都使他选择离开了秦州。那么，同谷有什么好处呢？杜甫在诗中说得很好：

第一，同谷这个地方相较于秦州，气候暖和一些，或许可以省掉不少衣料钱，这当然是幽默的说法，但也算是一个不错的理由。到了十月，天气凉而不热，利于无衣，而且草木尚未凋零，山水颇有韵致，是个好去处。第二，同谷以东有个地方叫做栗亭，是处更好的地方，有不少良田可供耕作，除了出产土豆，在岩石上还能采到大量的蜂蜜，更有竹笋可以饱餐，利于无食。同谷有山有水，并可稍解无衣无食之苦，虽然还要多走不少路，但是在杜甫看来还是值得奔波一趟的。

如此看来，我们的老杜似乎终于找到了一处乐土，并且马上准备车马开始搬家。但其实这不过是杜甫逃荒行动的又一次延续，在秦州安居不成，接着向同谷逃去，直接的目的只有一个—— 逃出荒灾的威胁，并且安居下来。我们的诗人实在是太天真，尽管他们全家人一路风餐露宿，他还是充满兴致地朝着心目中幸福的目的地赶去。他在路上充满期待地写了《积草岭》一诗：

连峰积长阴，白日递隐见。飕飕林响交，惨惨石状变。山分积草岭，路异明水县。旅泊吾道穷，衰年岁时倦。卜居尚百里，休驾投诸彦。邑有佳主人，情如已会面。来书语绝妙，远客惊深眷。食蕨不愿余，茅茨眼中见。

在这首诗中，杜甫表达了对人生已近暮年的感叹，同时又表达了对友人的感谢，以及对即将到来的新生活的渴望。阴云笼罩着重重的峰峦，白日时隐时现，可叹我总是在流浪，年老岁暮，使我感到无比的疲劳和厌倦，距离同谷县还有上百里的路程，等到了目的地我就会安顿下来投靠诸位先生。同谷县的主人对我的情谊太深重了，好像我们已经见面了一样，这位主人给我的来信中语言真挚美妙，真让我感到有些受宠若惊，其实我只要有薇蕨充饥就可以了，我是多么渴望马上见到那温暖的小茅屋啊！

对于杜甫来说，长年的漂泊已使他对哪怕只有一点点希望的生活都充满着渴望，而对于幸福生活的要求已降到只求有个安身之所。但是事实就是这样残酷，命运就是这样无情，满怀希望的杜甫来到同谷，迎来的却是更加悲惨的生活境遇。

杜甫来到同谷之后，诗文中却再未提及那位令他感激不尽的同谷主人，以杜甫的性格与写诗的基本风格习惯，到了主人的地盘，怎么也得表示感谢吧？但是没有。也许是这个人的生活发生了变故，也许是这个友人离开了同谷，或者是这个友人改变主意不愿意接济杜甫了。总之，在杜甫的诗中，缺少有关同谷友人提供生活资助的记载。

那么，杜甫到了同谷之后住在哪里？根据有关史料、部分方志资料以及杜甫所作的诗文来看，我们大体可以作出以下的推测：位于同谷东南大约七八里之处有座凤凰山，凤凰山下有凤凰台，台边有一处深潭，名为万丈潭，万丈潭边有飞龙峡，峡口有凤凰村，而杜甫就在此处修筑了一座草堂，暂时住了下来。

同谷是一个风光如画的地方，也有不少的名胜景致，比如万丈潭就是一处奇绝的景观，杜甫到了同谷之后，写下诗歌《万丈潭》，记录了所见的奇观与兴发之感，诗云：

> 青溪合冥寞，神物有显晦。龙依积水蟠，窟压万丈内。跼步凌垠堮，侧身下烟霭。前临洪涛宽，却立苍石大。山色一径尽，崖绝两壁对。削成根虚无，倒影垂澹瀩。黑如湾澴底，清见光炯碎。孤云倒来深，飞鸟不在外。高萝成帷幄，寒木累旌旆。远川曲通流，嵌窦潜泄濑。造幽无人境，发兴自我辈。告归遗恨多，将老斯游最。闭藏修鳞蛰，出入巨石碍。何事暑天过，快意风雨会。

诗中的万丈潭是个雄奇、险怪、幽僻、阴森兼而有之的神奇之境：四面绝壁如削，草木繁密。古藤重重交织成了帷幄，寒木遮住阳光使万丈潭成为与外界完全隔绝的环境。潭中怪石屹立，倒影参差，潭水深不见底，流水曲通潜泄，孤云、飞鸟都被锁在万丈潭中，那深藏潭底的神龙就更不用说了。“青溪神龙”合之而成万丈潭之特殊氛围，读之真能使“气浮者沉，心浅者深”。

遗憾的是，杜甫的生活并不像同谷的名胜景致那样引人入胜，而是陷入了空前的困境。他的生活情况集中反映在《乾元中寓居同

丁酉夏
康震

李白一斗诗百篇长安市上
酒家眠天子呼来不上船
自称臣是酒中仙
丁酉春
康震

谷县作歌七首》组诗中。其一写道：

有客有客字子美，白头乱发垂过耳。
岁拾橡栗随狙公，天寒日暮山谷里。
中原无书归不得，手脚冻皴皮肉死。
呜呼一歌兮歌已哀，悲风为我从天来。

诗中诗人哀叹：我杜子美历经千辛万苦来到同谷，如今却是白发蓬乱，而且发长过耳。不但衣食无着，且尽显愁容老态。天寒地冻青黄不接，家中又无粮食，只好在寒天中到山谷里去捡拾橡树果实回家充饥。天气如此寒冷啊，我的手脚都被冻裂，皮肉早已失去了知觉。洛阳老家一直没有书信寄来，不知道情况怎么样。唉，长歌一曲不禁悲从中来，一阵寒风刮过，就像我此刻的心情一样！

其二写道：

长铲长铲白木柄，我生托子以为命。
黄精无苗山雪盛，短衣数挽不掩胫。
此时与子空归来，男呻女吟四壁静。
呜呼二歌兮歌始放，邻里为我色惆怅。

诗人手握着长白木柄的铁铲，对着铁铲说：我的温饱性命就只能交托在你身上啊！因为此时的同谷正是大雪封山之时，放目四顾，黄独的根苗都被莽莽大雪掩住了，很难寻觅。屡屡想将裤管向下拽一拽、拉一拉，但是衣服实在太短小了，竟然连小腿也遮不住。唉，严冬时分，一家人却做不起新衣，只能继续穿着夏秋单薄的衣物。而在这般天寒地冻恶劣的环境下，诗人却连黄独这种野生的山芋也无法采到，只好带着铁铲回到家里，家里老幼都饿得不住地呻吟，邻居看到我的这种惨状，也不禁感到惆怅！

在这种悲凉的氛围当中，杜甫很自然地想念起他的弟弟妹妹。他在其三、其四中说：

有弟有弟在远方，三人各瘦何人强？
生别展转不相见，胡尘暗天道路长。
东飞驾鹅后鹙鸧，安得送我置汝傍。
呜呼三歌兮歌三发，汝归何处收兄骨。

有妹有妹在钟离，良人早殁诸孤痴。
长淮浪高蛟龙怒，十年不见来何时。
扁舟欲往箭满眼，杳杳南国多旌旗。
呜呼四歌兮歌四奏，林猿为我啼清昼。

杜甫有四个弟弟，当时只有小弟弟杜占跟随在他身边，他与其他三人辗转不能相见。他不仅替弟弟们的身体担忧，同时也害怕有生之年兄弟再也无法相见了，百年之后他这把老骨头又由谁来收呢？杜甫还有一个妹妹，丈夫早已去世，也已经有十年不曾谋面。在这两首诗中，杜甫感慨兄弟姊妹生不能相见，亲人的远离更让他无法体会存留于人世间的温情。我们从中不难感受到杜甫在困苦生活之中的绝望。

除了思念亲人，杜甫客居他乡，也开始思念自己的家乡，其五、其六流露出了浓重的思乡情结：

四山多风溪水急，寒雨飒飒枯树湿。
黄蒿古城云不开，白狐跳梁黄狐立。
我生何为在穷谷，中夜起坐万感集。

鸣呼五歌兮歌正长，魂招不来归故乡。

南有龙兮在山湫，古木巃嵸枝相樛。
木叶黄落龙正蛰，蝮蛇东来水上游。
我行怪此安敢出，拔剑欲斩且复休。
鸣呼六歌兮歌思迟，溪壑为我回春姿。

诗人感叹自己身居穷谷，苦风凄雨，落叶飘飘。夜半不眠时心中百感交集，感叹世相混乱龙蛰伏不出，只有白狐黄狐出没，只有蝮蛇在肆无忌惮地长驱东游。诗人内心贮满了悲凉和忧伤，冀盼着溪壑回春之日。

在最后一首诗中，杜甫开始总结自己苦难的人生：

男儿生不成名身已老，三年饥走荒山道。
长安卿相多少年，富贵应须致身早。
山中儒生旧相识，但话宿昔伤怀抱。
鸣呼七歌兮悄终曲，仰视皇天白日速。

回顾这十数年来的辛苦生涯，诗人不由得感慨年岁已老，却又功不成、名不就。更令人伤心的是，三年来他一直拖家带口，颠沛流离，狼狈不堪，奔走在荒郊野外，让妻儿老小跟着自己受尽苦难。诗人进一步感叹在长安那个名利场，人们要致身显贵、飞黄腾达，就必须早早追逐，而像自己这样的书生只能呆在这深山僻地而已！言语之间，颇有激愤之语。

这一时期，杜甫创作了不少诗歌，留给后世一笔丰厚的遗产。可是，对于当时的诗人来说，他必须再次面对生计问题。到达同谷一个月后，他必须考虑如何生存，要么想办法谋求营生，要么赶紧离开同谷，另谋他途。于是，毫无经营经验和头脑的杜甫再次选择了离开，诗人终于再次圈定了一个新的目标——成都。其实，这也是他选择从华州前往秦州的一个潜在的选择，换句话说，考量了当时全国的形势后，对于杜甫来说，只能继续向西走下去。

一岁四行　西走蜀地

杜甫选择成都这个地方应该说是很明智的。第一，它远离中原的战乱地区；第二，它的物产特别丰富；第三，它古迹名胜众多，对于杜甫这样一个诗人来说，这个选择是非常合适的。可是，为什么杜甫一开始不到成都呢？因为杜甫始终有着政治上的考虑，他的心思并不只是在谋生上，他不能离长安和洛阳太远。这与李白非常相似，李白漫游也有一个基本的路线图，主要集中在山东、河北地区，也是因为这些地方离洛阳、长安比较近。杜甫在逃难的当初还一直抱着再回到长安去的想法，可现在处在生死线的边缘，回去的可能性已经不存在了，只能继续向西走进入成都。如果说成都所有的优势条件都符合杜甫的要求的话，那么只有一个条件是最不符合的，而这个条件在某种程度上对杜甫来说是致命的，那就是离政治的中心越来越远，离自己所奋斗的目标越来越远，虽然在四川，在成都，他有好多好朋友。

从秦州到同谷，杜甫共写了十二首诗，从同谷到成都又写了十二首诗，叫《纪行诗》。这二十四首诗大部分都在书写路途之艰难，生活之窘迫。从这二十四首诗中，我们又看到了一个全新的杜甫的形象，既不同于长安十年的那个杜甫，又不同于安史之乱中的那个杜甫，而是一个处在生活的压迫之下，处在生活困窘状态中的杜甫的形象。

他在《发同谷县》一诗中表达了前往成都时的心情：

贤有不黔突，圣有不暖席。况我饥愚人，焉能尚安宅。始来兹山中，休驾喜地僻。奈何迫物累，一岁四行役。忡忡去绝境，杳杳更远适。停骖龙潭云，回首白崖石。临歧别数子，握手泪再滴。交情无旧深，穷老多惨戚。平生懒拙意，偶值栖遁迹。去住与愿违，仰惭林间翮。

诗人以“贤有不黔突，圣有不暖席”安慰自己，说即使是孔子、墨子般的贤圣之士都因生活的忙碌，坐席未待暖、烟囱未待黑就得四处奔走，更何况像我这般食不果腹的愚鲁之人。他还说自己其实很喜欢这里的地僻境幽，但因为家庭所累，被迫在一年内奔波迁移了四个地方。他与同谷的旧识依依话别，并在心中感叹着事与愿违，无法如林鸟般遁迹而去。

我们来回顾一下杜甫逃荒的行程。在唐肃宗乾元二年（759）当中，杜甫春天从洛阳回到华州，七月从华州前往秦州，十月全家又由秦州前往同谷，这一年的年底又来到成都。一年的时间他始终在奔波，对于杜甫一家人来讲，就是一个逃荒年、逃难年，而且是越逃越荒、越逃越难！杜甫不仅没有过上隐士的生活，而且简直快要变成叫花子了！盛唐之际，又还有哪一个诗人最后会沦落到这样一个地步呢！

一个人的思想情感总是随着他的社会地位、经济地位而变化的。当这样一个朝廷官员，一个有着强烈的家族荣誉感的人，一个曾经有过美好前途的人，一个有那么强烈的理想愿望的人，因为种种的原因，沦落到这样一个地步的时候，他的思想情感就更接近于一般的老百姓了，他就更愿意为一般的老百姓写点东西了。换句话说，他已经不再是替老百姓思考问题，不再是为老百姓代言了，而是他自己已然在不知不觉当中变成了底层老百姓当中的一分子。所以他说的每一句话，他表达的每一种情感，都让后人觉得那么亲切，都让大家觉得他在书写自己的同时，也在为我们写作。这个时候，杜甫已经慢慢地脱胎换骨，朝着诗圣——这个后人看来是伟大的目标前进。

杜甫携家人一路往成都而来。乘船渡过白沙渡、水会渡，攀援翻过飞仙阁、五盘、龙门阁、石柜阁等数处栈道，通过剑门关，跨越上千里路途，终于到达成都。杜甫在《鹿头山》一诗中写道：

> 鹿头何亭亭，是日慰饥渴。连山西南断，俯见千里豁。游子出京华，剑门不可越。及兹险阻尽，始喜原野阔。殊方昔三分，霸气曾间发。天下今一家，云端失双阙。悠然想扬马，继起名硉兀。有文令人伤，何处埋尔骨。纡余脂膏地，惨澹豪侠窟。仗钺非老臣，宣风岂专达。冀公柱石姿，论道邦国活。斯人亦何幸，公镇逾岁月。

诗人由同谷入蜀，沿途山岭险峻难行，一直到了鹿头山之后方出险境。他南眺成都沃野千里，随着视野的开阔，心情也豁然开朗。看到了西蜀景色，诗人感叹，三国鼎立之时蜀汉的英雄人物当年历经艰险成就霸业，但如今高耸入云之双阙已不复存在，天下早已成一家。而如司马相如、扬雄等人的文采今日犹可见，但他们的埋骨之处又有谁知？广大的蜀地曾有许多豪杰前来经营，而蜀地这么险要，如若不是有着忠诚干练的老臣掌兵权，国家政令怎能直达此地呢？他赞叹有着像冀国公这样优秀的地方官真是百姓之福。整首诗总体就是说现在镇守成都、四川的老臣就是国家的中流砥柱。

当时成都尹叫裴冕，同时兼任剑南西川节度使，主持四川军政事务。《旧唐书》上有关裴冕的记载："肃宗即位，以定策功，迁中书侍郎、同中书门下平章事，倚以为政。冕性忠勤，悉心奉公，稍得人心。然不识大体，以聚人曰财，乃下令卖官鬻爵，度尼僧道士，以储积为务。人不愿者，科令就之，其价益贱，事转为弊。肃宗移幸凤翔，罢冕知政事，迁右仆射。两京平，以功封冀国公，食实封五百户。寻加御史大夫、成都尹，充剑南西川节度使。又入为右仆射。”又说“冕以幸臣李辅国权盛，将附之，乃表辅国亲昵术士中书舍人刘烜充山陵使判官”，“性本侈靡，好尚车服及营珍馔，名马在枥，直数百金者常十数。每会宾友，滋味品数，坐客有昧于名者”。安史之乱爆发后，太子李亨担任天下兵马大元帅，裴冕担任太子的助手，是太子在灵武继承皇位的主要支持者之一，而且在平定安史之乱中立了大功。后来他担任宰相，封为冀国公，颇受肃宗的器重。不过，裴冕虽然有功于国家，但是人品却有问题。比如他的军队军需不足，就通过买卖官爵、度僧尼道士的办法聚敛钱财。为了保住自己的权势，甚至不惜安插李辅国的亲信术士刘烜担任山陵使判官，来讨好宦官头子李辅国。此外，裴冕生性奢侈，追求财富和物质享受。对于这么一个缺少政治操守的官员，杜甫却极尽能事地夸赞。可见，在残酷的生活压力面前，杜甫也不得不委曲求全地讨好一些官员，从而为自己、为家人获取一些生活之需。

安史之乱时，玄宗曾避难于成都，成都的政治地位便有所提升。肃宗至德二载（757），成都又晋升为南京，与西京长安、东京洛阳、北京、太原并立，具有了较为突出的政治地位。当时，成都也已经是一个颇具规模的城市，人口有九十多万，繁华富庶。

杜甫一路漂泊，体验人生苦难，终于来到了这片土地。沿途的奔波及险山恶水，也进入了杜甫的诗歌创作中。因逃荒历程中每况愈下的生活和国破家亡的沉重忧思，使他的山水诗创作具有了不同于盛唐时期的审美取向。手法上多用生词僻字，结构上波折起伏、大起大落，多用五言古体，押仄声韵，将山水之奇与行程之艰、仕路之难的咏叹交织在一起，从而呈现出奇特险绝的风格。在这些描写凶险艰难的山水诗句中，隐含着诗人深深的家国身世之悲，饱含着诗人厌恶乃至于恐惧的情感。

“熊罴咆我东，虎豹号我西。我后鬼长啸，我前狨又啼。天寒昏无日，山远道路迷。驱车石龛下，仲冬见虹霓。”（《石龛》）勾画出了一种虎啸猿啼、鬼哭神嚎、愁云惨淡的景象。描述青阳峡中“林迥硖角来，天窄壁面削。磎西五里石，奋怒向我落。仰看日车侧，俯恐坤轴弱”，诗人从山之陡峭夹峙，峡之狭窄阴冷，极写其“恶”，形神酷肖，而“魑魅啸有风，霜霰浩漠漠”则渲染出大山深处雾气迷漫、山风鬼啸等阴惨气氛（《青阳峡》）。而“绝壁无尺土”的龙门阁“危途中萦盘，仰望垂线缕。滑石欹谁凿，浮梁袅相拄”，山势的凶险让人不禁发出“百年不敢料，一坠那得取”的讶叹（《龙门阁》）。诗人走在“朝行青泥上，暮在青泥中”的泥功山上，看到的不是秀丽的山景，而是“白马为铁骊，小儿成老翁。哀猿透却坠，死鹿力所穷”，他时时挂心的是“寄语北来人，后来莫匆匆”，怕有匆匆赶路之人一不留神在泥淖中没顶（《泥功山》）。甚至有着“婵娟碧鲜净，萧摵寒箨聚。回回山根水，冉冉松上雨”的法镜寺，也让诗人兴起了“神伤山行深，愁破崖寺古”的感喟（《法镜寺》）。这些诗句有别于“人闲桂花落，夜静春山空。月出惊山鸟，时鸣春涧中”（王维《鸟鸣涧》），有别于“故人西辞黄鹤楼，烟花三月下扬州。孤帆远影碧空尽，唯见长江天际流”（李白《送孟浩然之广陵》）那种纯然的、优美的、豪放的、明亮的山水田园诗。尽管诗歌中常见的都是那些狰狞、崎岖、最不为常人所见的险山恶水，杜甫却在艺术上开了一个新路，即从审美的趋向上开了审丑的范畴，这对中唐韩孟诗派产生了影响。

来到成都的这一年，杜甫已经四十八岁了，将到知天命之年，他的生活从此也将掀开新的一页。

第六章

飞鸟暂止栖草堂

遭逢安史之乱，京都长安、洛阳都遭到不同程度的破坏，而成都因为地处西南，远离战火，因此成了离乱时期理想的避难之所。杜甫在浣花溪畔盖起了一座草堂，也就是他诗中提到的“万里桥西宅，百花潭北庄”的成都草堂，这里溪水长流、环境优美，成了杜甫一家人的安身之地。在这里，先后居住了将近四年的杜甫为我们留下了哪些著名的诗篇？在这里，杜甫的生活又是怎么样的呢？

浣花草堂　百家输捐

杜甫一家人由同谷入蜀，初到成都时暂居在成都以西七八里处浣花溪畔的草堂寺。当时的彭州刺史，是杜甫的好友大诗人高适。彭州府治彭县就位于成都西北不远处。知道老朋友杜甫来到成都，高适赶紧写了首诗慰问他。杜甫接到高适的诗后，写《酬高使君相赠》作答：

古寺僧牢落，空房客寓居。
故人供禄米，邻舍与园蔬。
双树容听法，三车肯载书。
草玄吾岂敢，赋或似相如。

诗中记录了杜甫初到成都时的生活点滴，杜甫客居在草堂寺的空房中，有了裴冕、高适等人对他的关照，这里的生活压力与在秦州、同谷时期相比，相对轻松了许多。换句话说，裴冕、高适在四川成都一带做官，对于杜甫来说，是政治上、经济上、生活上重要的依靠。

寄居草堂寺显然不是长久之计，杜甫必须赶紧自行修筑住宅。但“羞涩囊空”，袋中仅“留得一钱看”的杜甫，又怎会有能力盖房子啊？不用发愁，此时的杜甫已摆脱同谷之时被“佳主人”冷遇而求援无门的厄运，得到了来自四面八方的帮助。第一位解囊相助的是杜甫的表弟王十五。唐人写诗时有一个习惯，如果是比较亲近的关系，则在诗中不直呼其名，要么就是称其官讳，要么就是称其排行。这位王十五就是杜甫的一个表弟，十五即是他在家族中的排行。王十五在成都府里当司马，就是负责跑腿的一类小官，他送了些钱资助老杜。杜甫高兴得合不拢嘴，写了《王十五司马弟出郭相访遗营草堂赀》一诗送给王十五：

客里何迁次，江边正寂寥。
肯来寻一老，愁破是今朝。
忧我营茅栋，携钱过野桥。
他乡唯表弟，还往莫辞遥。

但是修盖草堂绝不是一件简单的事情，杜甫需要获得方方面面的帮助。他开始以诗代信，一首一首地写，一封封地发出去。索取的项目由花草树苗一直到日用家什。《萧八明府实处觅桃栽》一诗是他给县令萧实写信索要桃树苗：

奉乞桃栽一百根，春前为送浣花村。
河阳县里虽无数，濯锦江边未满园。

意思是说萧县令你那里的桃树苗很多，而我位于濯锦江边家中的园子里却没什么花木，可否求您派人在春前送来一百棵桃树苗？兴致昂扬的他又写了《从韦二明府续处觅绵竹》向绵竹县令韦续索要绵竹：

华轩蔼蔼他年到，绵竹亭亭出县高。
江上舍前无此物，幸分苍翠拂波涛。

这种绵竹是四川绵竹的特产，竹质柔韧。“无竹使人俗”，可见杜甫对布置草堂还是颇费心思的。不只是重视景观，杜甫也重视实际效用，于是他写《凭何十一少府邕觅桤木栽》一诗向绵谷县尉何邕索要数百棵桤树苗：

草堂堑西无树林，非子谁复见幽心。
饱闻桤木三年大，与致溪边十亩阴。

据宋祁《益部方物记》记载：“桤木蜀所宜，民家莳之，不三年可为薪。”因为桤树长得很快，种上几百棵，很快就能绿树成荫，桤树的枝干还能当柴火，嫩叶子晒干之后还能当作茶叶。此外，杜甫还做了长久的打算，他写《凭韦少府班觅松树子栽》向涪城县尉韦班索要松树苗：

落落出群非榉柳，青青不朽岂杨梅。
欲存老盖千年意，为觅霜根数寸栽。

诗人知道榉柳虽亭亭而立，高如松树，但易凋朽，而杨梅虽经冬不凋，但枝干矮小不若松树落落出群。他希望此时栽下的松树，能荫垂后世千载。有树成荫仍是不足，杜甫觉得草堂里花果太少，接着写了《诣徐卿觅果栽》：

草堂少花今欲栽，不问绿李与黄梅。
石笋街中却归去，果园坊里为求来。

向住在果园坊的徐卿索要果树苗，无论绿李或黄梅都照单全收。花草树木都已齐全了，最后还有日用家什，他听说韦班家里收藏了不少白瓷碗，轻巧而结实，颜色剔透赛过霜雪，轻敲时的声音就如玉石般清脆，于是写了《又于韦处乞大邑瓷碗》一诗给他：

大邑烧瓷轻且坚，扣如哀玉锦城传。
君家白碗胜霜雪，急送茅斋也可怜。

后人评价说："初称其质，次想其声，又羡其色。先说得珍重可爱，因望其急送茅斋。只寻常器皿，经此点染，便成韵事矣。"

上面的事情都是我们从杜甫的诗歌描写中得知的，其他或许还有一些索要，但并没有写进诗中，我们也就不得而知了。如果说我们吃饭有百家饭，穿衣有百衲衣，那么杜甫的这个成都草堂可以说是一个名副其实的百家草堂，是在当地至少十几位大小官员的输捐下建造起来的。杜甫怎会有如此大的面子？为什么人们都愿意资助他呢？

其实这些都是因为裴冕的情面。裴冕当时担任剑南西川节度使，杜甫刚刚入蜀时，即写《鹿头山》一诗赞美裴冕，相信这也是杜甫这些年来不知吃了多少亏，碰了多少个大钉子，遭了多少白眼之后得出的一个经验教训。刚刚来到成都的杜甫，似乎境遇还比较顺利，经历了这许久的漂泊困顿，也该让他好生歇息一回了。自从安史之乱起，杜甫几乎就没能过过一天安安生生的日子。草堂终于建成了，杜甫刚好五十岁。

春雨润物《蜀相》忧国

杜甫的草堂正如陶开虞《说杜》所说："初营成都草堂，有裴、严二中丞，高使君为之主；有徐卿，萧、何、韦三明府为之圃；有王录事、王十五司马为之营修。大官遣骑，亲朋展力，客居正复不寂寥也。"在各方的资助下历经数年总算是建了起来，这个草堂暂时成了杜甫的栖身之所。草堂既成，有了安身之处，杜甫便投注相当的精力于诗歌的创作上。杜甫在成都草堂寓居不到四年，却创作了二百多首诗，其中大部分都是田园诗。杜甫为什么要写这么多的田园诗？这些田园诗反映了他在这个草堂生活期间的一种什么样的心情呢？

这个草堂最初占地仅一亩，后来又扩大范围，"诛茅初一亩，广地方连延"（《寄题江外草堂》）。草堂四周还种植了不少的花草竹木。杜甫在经过了这么长时间的颠沛流离之后，终于可以安安稳稳地坐拥花园。虽然这个草堂不似花园别墅般豪华，但对于乱世流亡的杜甫而言，已经非常满意了。诗人在这期间创作的许多诗作都表现了自己愉快的心情。除了安居之外，还有令他感到愉悦的就是周围有着相处融洽的邻居，北边儿的邻居是一位退休的王县令，正如诗人《北邻》诗中所叙写"爱酒晋山简，能诗何水曹。时来访老疾，步屧（xiè）到蓬蒿"。这位退职县令，为人超脱，胸怀宽广，同时也喜欢喝酒作诗，并且经常来拜访杜甫。南边儿的邻居朱山人是位隐士，安贫而乐道，同时也非常好客，"白沙翠竹江村暮，相送柴门月色新"（《南邻》）；"归客村非远，残樽席更移。看君多道气，从此数追随"（《过南邻朱山人水亭》），他与杜甫两人经常在一起叙谈。再远一些还有黄四娘家以及其他的几家农夫，如《遭田父泥饮美严中丞》中描述田父邀诗人尝春酒的情形：“叫妇开大瓶，盆中为吾取。”表现了田父对杜甫的豪爽；“月出遮我留，仍嗔问升斗”，则是表现田父对杜甫热情地相留，形象地刻画出乡邻与杜甫融洽相处的境况。此时的杜甫在物质与精神上都相对的满足，他在《为农》一诗中描述了自己的生活环境和安定的心情：

锦里烟尘外，江村八九家。
圆荷浮小叶，细麦落轻花。
卜宅从兹老，为农去国赊。
远惭句漏令，不得问丹砂。

在这远离战争硝烟的锦城之地，靠近江边住着七八户人家。有着圆荷细麦，举目所及都是美好的风景。我并非想学晋代的句漏令葛洪，采药炼丹，只是想在这里务农为生，安居终老，不再回乡。

杜甫之所以可以清闲地观赏圆荷与落花，是与诗人此时此刻生活状态的变化有很大的关系。不说别的，从杜甫诗歌中我们就可以知道，草堂周围的植物真是多种多样，有楠树、桤树、松树、桑树、桃树、李树、榉柳、枇杷、丁香、丽春、栀子、荷花、竹子等。除了植物，这里的动物也为浣花溪畔增添了许多生机，有燕子、黄鹂、黄莺、鹭鸶、凫雏、花鸭、鱼儿等，简直就是一个春意盎然的大花园！不信吗？有诗为证，且看《江畔独步寻花七绝句》其中的两首：

黄四娘家花满蹊，千朵万朵压枝低。
留连戏蝶时时舞，自在娇莺恰恰啼。

在去黄四娘家的小路上，诗人看到路旁溪边满是盛开的花朵，

丁酉歲
康震

星垂平野阔
月涌大江流
书杜甫诗 丁酉 康震

繁花沉甸甸地把枝条都给压弯了。在这万花丛中，彩蝶飞舞，娇莺啼鸣，春光烂漫，生趣盎然，让诗人忘情于眼前的良辰美景。

不是爱花即欲死，只恐花尽老相催。
繁枝容易纷纷落，嫩蕊商量细细开。

这诗写得非常美妙，也饶有生活情趣。诗人开头便说若不是因为特别爱这些花儿，他宁可马上死去。为何而死呢？就是因为花开得太快了，时光也会像花一样无情地流逝而去。所以，诗人就想，就让那些枝头的繁花尽管凋落吧，可是那些嫩蕊，能否再商量商量，能否开得慢一点儿，好让这种美好的时光停留得长久一些。从这首诗中，我们可以窥见杜甫在江畔那种细致的心思，惟有在一种平和的心态下，才能有此等闲情逸致来与花花草草这些另类的生命对话。所以我们说，一个作家的审美心态，需要有一个相应的社会心态，同时也需要有自己的环境作为依托。在这些诗中，正是杜甫心灵的平静造就了乡村生活的恬静之美。

当诗人用一颗平静的心去看待世界的时候，他会发现生活中许多美好的事情。诗人们看到细雨蒙蒙之时，往往会黯然神伤，觉得那仿佛是剪不断、理还乱的哀愁。可是，初春时节，当杜甫看到斜风细雨时，却吟咏出了《春夜喜雨》这首千古名篇：

好雨知时节，当春乃发生。
随风潜入夜，润物细无声。
野径云俱黑，江船火独明。
晓看红湿处，花重锦官城。

这首诗作于唐肃宗上元二年（761）春，诗人此时虽身在成都西郊草堂，但并没有完全逃避于田园之中，这一首《春夜喜雨》，既富有田园之趣，又隐含忧国忧民之情。前四句写春雨在夜半随着微风到来，静悄悄地滋润着万物。五、六句写诗人夜中观望所见，放眼望去，天上都是黑沉沉的云，地上也与天上的云一般黑，江面也看不清，小路也辨不明，只有船上的灯火是明亮的。诗人心中暗自揣度：这样的春雨该会下一整夜吧！表达出异常的欣喜。七、八句写诗人想象着经过彻夜的滋润后，万物发荣滋长。清晨醒来，整个锦官城春花盛开，一片“红湿”的美丽景象。全诗围绕“喜”字，为我们展现了一幅生动的春夜细雨图。诗歌用拟人化的手法，赋予春雨以人的感情和知觉，她在万物复苏的春季来临，充满着柔情，悄然地滋润着万物，给乡村增添了无比的美感，诗人对春雨的描绘可谓出神入化，清新自然，笔调轻快。这首诗之所以言“喜”，是因为诗人虽流寓他乡，不能施展政治抱负，但他却从细微之处关心农民生活，让我们读后感受到诗人对春雨的喜爱和看到春雨滋润万物后的满心欢喜之情，也不得不为其中清新愉悦的气氛所打动，为来年的丰收而祈祷。

“随风潜入夜，润物细无声”已经成为人们生活中的熟语，它与“夜来风雨声，花落知多少”“野火烧不尽，春风吹又生”等诗句一样，具有了哲理的意味，成为千百年来人们日常生活中的警句。诗人们就是以这样的方式在生活中、在历史中流传。这就是这些诗人的伟大之处，他们在关注生活中平常事物的时候，能够涌现出天才的诗句。

杜甫之所以能够成为杜甫，就是因为他在关注个人家庭生活的时候，还能始终关注国计民生，这个特点与李白十分相似。可见，凡是伟大的诗人，其根本的特点就是由小家而想大家，由大家而想家国，由家国而思考人生的终极意义。不管有多苦，不管有多累，这个问题始终会萦绕在他们的脑海旦边，并且通过他们的诗歌表现出来。

在成都草堂，杜甫虽然不像在长安、华州、秦州、同谷那样天天都有衣食之忧，而是过着仿佛桃花源一样的生活，但是杜甫不是陶渊明，终究不是个真正的隐士，他的心灵、他的思想时时刻刻都与国家、民众紧紧联系在一起。杜甫曾在《自京赴奉先县咏怀五百字》中说自己“穷年忧黎元，叹息肠内热”。这种忧国忧民的思想不仅在杜甫身处苦难的时候表现得非常明显，就是在他身处相对顺利的境况下也没有丝毫的改变。

这一时期，除了创作大量的田园诗、闲适诗之外，杜甫兴致所至，也到处游赏成都这座历史文化古城，凭吊古代先贤，借古述今，抒发他内心的情怀，表达自己的忧思。他在武侯祠拜谒诸葛孔明这位大政治家时，就写下《蜀相》一诗感叹诸葛亮：

丞相祠堂何处寻，锦官城外柏森森。
映阶碧草自春色，隔叶黄鹂空好音。
三顾频烦天下计，两朝开济老臣心。
出师未捷身先死，长使英雄泪满襟。

开头两句开门见山，一问一答，自开自合，点明了祠堂之所在。古锦官城在今成都市南，诗中咏及的古柏至今依然翳翳森森，据《儒林公议》上所载，这些古柏曾枯槁而再生，“若老龙之形”，故有森森之感。诗人以描绘周围庄严的环境，表达出对武侯的敬仰之情。颔联写景，通过“碧草自春色”“黄鹂空好音”反映出诗人当时的心境。纵有春色碧草、黄鹂高啭，诗人都无心欣赏，只因此时的诗人正沉湎于蜀相的功业命运，哪还有赏景、闻啭的闲情逸趣？正如清人金圣叹解此诗时所说：“先寻祠堂，后至城外，妙。是有一丞相于胸中，而至其地，寻其庙。”（《杜诗解》卷二）。诗人之所以到武侯祠凭吊，全是因为仰慕诸葛亮，并不是因游其地而顺便探访名胜。

颈联写武侯的生平，“三顾频繁”“两朝开济”，一方面说明刘备求贤若渴、知人善任，一方面说明武侯鞠躬尽瘁，死而后已，表现了杜甫心目中理想的君臣关系，字字千钧。尾联惋惜武侯壮志未酬的结局，引起功业未就者的共鸣。同时，他也希望当世的权臣良相能像武侯一样为国效力。此诗感情真挚，寄托遥深。“窃比稷与契”本是诗人自我的期许，“致君尧舜上，再使风俗淳”本是诗人的夙愿，诗人的英雄之泪，究竟是因蜀相的“出师未捷”，还是为自己遭逢乱世，壮志不能伸而流呢？这首诗是诗人来到成都后第一首沉郁顿挫的作品，诗人借古人酒杯，浇自己胸中块垒，既是怀古之作，也是作者感怀自己老大无成，希望能够为国效命的咏怀之作。

正如前面提到的，杜甫寓居草堂的这段时间，因朋友的接济在生活上不若秦陇时期那般艰辛，但在那兵荒马乱的年头，逃荒在外的杜甫虽仍有其社会地位与社会关系，但物质生活还是极度匮乏。也正是因为他自身经历的苦难，成就了摹写百姓凄苦生活、关心百姓冷暖的千古名篇《茅屋为秋风所破歌》：

> 八月秋高风怒号，卷我屋上三重茅。茅飞度江洒江郊，高者挂罥长林梢，下者飘转沉塘坳。南村群童欺我老无力，忍能对面为盗贼。公然抱茅入竹去，唇焦口燥呼不得，归来倚杖自叹息。俄顷风定云墨色，秋天漠漠向昏黑。布衾多年冷似铁，骄儿恶卧踏里裂。床头屋漏无干处，雨脚如麻未断绝。自经丧乱少睡眠，长夜沾湿何由彻。安得广厦千万间，大庇天下寒士俱欢颜，风雨不动安如山。呜呼！何时眼前突兀见此屋，吾庐独破受冻死亦足。

这首诗通过对居住环境的描写，表现了诗人心忧苍生的情怀。前五句为第一部分，诗人以刚劲有力的笔锋，勾绘出怒号秋风袭击茅屋时的情景，句句押韵，通过“号”“茅”“郊”“梢”“坳”表现出秋风来势之大，透过茅草被风卷起后“飞度”“高挂”“沉塘”的情形，描写出茅屋受到凌厉秋风破坏的情形，让读者瞬间进入了茅屋被狂暴的秋风破坏时，那种令人感到惊悸与杂乱破落的场景。“南村”五句为第二部分，进一步写茅屋被损坏的样子，通过描述南村群童的“盗贼”行径与诗人“唇焦口燥”“倚杖自叹”、老而无力的两相对照，更加强烈地表现出诗人在眼见自己苦心经营的草堂遭受自然破坏，却无力挽救，同时又再遭受这帮顽童的欺凌，心中的焦急与痛惜。但在另一个侧面，诗人也借着儿童拿走他的茅草来表现当时人们生活的普遍贫困。与其说诗人对群童大摇大摆地抢走茅草的行径有“忍能为盗贼”的痛责，不如说诗人心中为自己的这种境遇、为人民大众生活的疾苦感到痛心。“俄顷”八句为第三部分，漫天乌云、秋色漠漠，诗人心中之沉重可见一斑。棉被似铁如冰，屋漏无处可眠。看着娇儿在寒夜中却只能盖一席破被子，本该是遮风挡雨的房子，在雨夜中却是连块干爽落脚的地方都没有。这样的凄风苦雨之夜，诗人又怎能入睡？无眠之夜，诗人由自身的困苦境遇联想到国家战乱、残破不堪的局面，从而表现出诗人忧国忧民的情感。“安得”到结尾为第四部分，诗人“饥寒而悯人饥寒”，由己及人，由自己的痛苦想到全天下人的痛苦，希望人们都能安居乐业，表现出博大的襟怀和崇高的理想。千百年来，杜甫这种炽热的激情和对人民深厚的情感一直感动着人们。

孟子说：“老吾老以及人之老，幼吾幼以及人之幼。”杜甫的诗歌不仅具有这样的精神，相比来讲，比孟子更进一步。孟子之言要我们首先学会爱父母，爱子女，然后把这种爱推及到别人的身上去。可是，杜甫所言却是他自己还没有多大的能力来爱护和保护他的孩子，但是就是这样一个身无分文的人，却“宁苦身以利人”，甘愿“吾庐独破受冻死”，首先想到的是别人的孩子，别人的父母。因此，这是一个充满仁者情怀的大诗人，在一个黑暗的雨夜里，对人世间抒发的温情的关怀。这个世间虽然有的时候对他很冷酷，但是他依然用火热的仁者情怀来关怀世间。这就是杜甫之为诗圣的地方，这并非常人都能做到的。

廉颇出将　老参戎幕

恼人的不仅仅有秋风卷屋顶，还有高层的人事变动。我们前面说过，杜甫之所以能够在成都暂且立住脚跟，能够建立这个休养身心的草堂，就是因为有裴冕、高适这样的高官作靠山。首先，这些人过去都是他的朋友，只不过后来官运殊异，他们攀上高位，杜甫却没有，但这并不影响他们的友谊。第二，从当时的社会现实来讲，杜甫作为一个读书人，一个曾经做过官的人，既没有能力去做生意，也不可能依靠文学写作来维持生计，虽然在古代文人可以受人之托写一些应景文字或者实用类的文字获得稿酬，但是这毕竟不是稳定的收入。再说，文学创作在唐代也并不是一个正式的糊口的职业，做官才是读书人的唯一出路，可杜甫偏偏仕途蹭蹬。所以杜甫当时除了依靠一些做官的朋友，没有别的出路，这些高官一旦发生人事变动，必然会给杜甫的生活带来影响。

乾元二年（759）“六月乙未朔，以右仆射裴冕为御史大夫、成都尹，持节充剑南节度副大使、本道观察使”（《旧唐书》）。因此当十二月，杜甫来成都的时候，成都尹是裴冕。到了上元元年（760），“三月壬申，以京兆尹李若幽为成都尹、剑南节度使”（《旧唐书》），成都尹换为李若幽了。上元二年（761）三月，又换为崔光远，到了十二月，又变成严武。当地的最高首长转换如此频繁，这对杜甫的生活当然会有影响，有时候在经济上也会处于很困难的境地。

他在《百忧集行》一诗中说：“入门依旧四壁空，老妻睹我颜色同。痴儿不知父子礼，叫怒索饭啼门东。”意思是说，自己已经年过半百，但是家中却空空如也，三餐不继。幸好妻子理解自己，没有给自己脸色看。可是，孩子就不那么懂事了，哭着喊着跟父亲要饭吃。在这种情况下，杜甫不得不硬着头皮向当时的彭州刺史高适写诗求助，他在《因崔五侍御寄高彭州一绝》诗中恳求道：“百年已过半，秋至转饥寒。为问彭州牧，何时救急难？”不只是向好友求援，到了亟需之时，杜甫也不得不为了讨好权贵，写一些称赞人家子女的清客诗，如《徐卿二子歌》：“君不见徐卿二子生绝奇，感应吉梦相追随。孔子释氏亲抱送，并是天上麒麟儿。大儿九龄色清彻，秋水为神玉为骨。小儿五岁气食牛，满堂宾客皆回头。吾知徐公百不忧，积善衮衮生公侯。丈夫生儿有如此二雏者，名位岂肯卑微休。”这位“徐公”应是前文提到的杜甫兴建草堂之时捐输果树的徐卿，也有人认为他是当时担任西川兵马使的徐知道，这些都无法考证，但可确知的是在这首诗中，杜甫极尽夸饰赞美之能事，只为取悦这位官员，从而得到一定的救济。

此时的杜甫似乎又再次遭逢生活上的窘境，幸而他青年时代的好友严武来到成都任职。严武比杜甫小十四岁，任职时年方三十四岁。他对杜甫十分友好，刚到任不久就特地给杜甫写了一首诗《寄题杜二锦江野亭》，盛情邀请他到自己的官邸：

漫向江头把钓竿，懒眠沙草爱风湍。
莫倚善题鹦鹉赋，何须不著鵔鸃冠。
腹中书籍幽时晒，肘后医方静处看。
兴发会能驰骏马，终须直到使君滩。

严武在诗中说，老杜啊老杜，你常常在江边儿钓鱼，懒洋洋地躺在草地上欣赏流水，好潇洒啊！你可别仗着自己有着如祢衡一样的文才，就不去朝廷做官。魏晋时期，有个隐士老在中午晒太阳，别人问他，他就说自己正在晾晒肚子里藏的书籍。你老杜是不是也在晒自己的肚皮呢？有没有兴致飞马来我这里看看呢？

严武当时担任的官职非常大，不仅是成都尹，而且任剑南东川节度使。而当时的杜甫却只是一个为衣食而发愁的没落诗人，两个人虽然政治地位差别很大，但是情谊较为深厚，来往非常密切，写了许多往来的诗文，严武如此的“厚禄故人”，自能给予杜甫经济上的资助。

在这期间严武曾多次访草堂，或邀杜甫到府厅参加宴会。有时不能见面，严武或寄诗相问，或以酒相赠。可是半年后，严武被召还长安“入为太子宾客，迁京兆尹、兼御史大夫”（《旧唐书》）。杜甫对严武情谊很深，他为严武送行一直送到离成都三百里的绵州（今四川绵阳）奉济驿，不无感伤地写了《奉济驿重送严公四韵》这首送别诗：

远送从此别，青山空复情。
几时杯重把，昨夜月同行。
列郡讴歌惜，三朝出入荣。
江村独归处，寂寞养残生。

杜甫在诗中写道：远送至此终须一别，那伫立的青山，似乎也像我一样依依不舍地送客。酒杯在手，但何时才能与你“重把”？想起昨夜皓月当空，何时再能与你月下同行？你出将入相，玄、肃、代三朝都身居高位，你的功绩让东、西两川的人民都讴歌你，不舍你的离去。当你离开后，孤独的我只能在这个江村中寂寞地过此残生。

贫老多病、流落异乡的杜甫，好不容易重遇同是坐房琯党遭贬的世交挚友严武。在这期间，因生活上有了严武的接济，不再捉襟见肘，而在诗歌唱和中，则交流着与严武在政治上的默契，这让杜甫将自己未竟之报国大志都寄托于被召入朝的严武身上。离别在即，杜甫看到严武，想起自己的身世遭遇，想起自己以后的寂寞残生，禁不住伤感哀叹。

幸运的是，严武走了以后，由高适任成都尹，兼任剑南西川节度使。同时，由严武的下属章彝担任剑南东川节度留后兼任梓州刺史，相当于东川副节度使。这两个人接任了工作，一个在西川，一个在东川。

杜甫情深意切去送严武，一直把严武送到绵州，两个人才分手。可是，此时杜甫却不能再回成都了。当时，剑南兵马使徐知道谋反起兵，控制了往来的交通要道。结果，严武被困在巴山，而杜甫也被迫滞留在绵州。这场战乱打乱了杜甫继续居留在成都的打算，于是杜甫便做出了新的选择，前往梓州依靠严武的原手下章彝。梓州即现在的四川三台，距离成都不过二百多里路。到了梓州以后，章彝对杜甫也非常好，这当然是看在严武的面子上。

这个时候，杜甫其实已经开始有新想法了。前文已经提及，杜甫到四川是情不得已，虽然他身在成都过着较安逸的生活，但他仍然想念着洛阳老家，也仍然挂念着长安，只有在那里，他才能够安居乐业。于是，杜甫思量着索性买一只船沿江东下，返回长安。杜甫将家人接来梓州，准备从梓州过涪江一路沿着三峡东下，然后回到长安、洛阳，《悲秋》一诗记载了此时的心情：

凉风动万里，群盗尚纵横。
家远传书日，秋来为客情。
愁窥高鸟过，老逐众人行。
始欲投三峡，何由见两京。

当时已是秋风萧瑟，但一方面史朝义与吐蕃未平，而蜀中又有徐知道之乱，所以诗人说“群盗尚纵横”。正因战乱频仍，诗人只身寄旅梓州，因而悲秋思家。诗人悲秋之景、悲秋之意，思家而悲、作客而悲，整首诗充满了浓重的伤感之情。

就在杜甫做新的打算准备回京城的时候，安史之乱发生了重大的转折。唐玄宗、唐肃宗父子先后去世，唐代宗即位。唐代宗广德元年（763）正月，叛军首领史朝义因众叛亲离，上吊自杀，唐王朝相继收复两京，延续了八年的安史之乱终于被平定了。这对于深受安史之乱之苦的民众来说，对于杜甫来说，真是一个天大的好消息。诗人听到捷报后欣喜若狂，奋笔疾书，写下了一首饱含爱国热情和激昂情绪的诗——《闻官军收河南河北》：

剑外忽传收蓟北，初闻涕泪满衣裳。
却看妻子愁何在？漫卷诗书喜欲狂。
白日放歌须纵酒，青春作伴好还乡。
即从巴峡穿巫峡，便下襄阳向洛阳。

前四句写听闻平定战乱后喜极而泣，妻子儿女笑逐颜开，全家上下喜气洋洋。后四句进一步抒写狂喜的心情。全诗情真意切，毫无半点掩饰，似乎可以看到诗人手舞足蹈、欢天喜地的样子，显出几分天真和可爱。联想诗人在战乱中所遭受的不幸，又让人不禁有些痛定思痛的心酸，也只有这么巨大的喜讯，才能让他将战乱中受到的流寓的悲凉与无奈如火山爆发一般倾泻出来。因此，历代诗论家都极为推崇这首诗，浦起龙在《读杜心解》中盛赞此诗为杜甫“生平第一首快诗”。杜甫的诗歌真实地反映了帝京的失而复得、得而复失的过程，再现了那个风雨交加的年代，同时也反映了诗人面对国家战争局势时波澜起伏的心情。

杜甫开始准备启程，当时梓州刺史兼任东川节度留后章彝专门给杜甫举行了一场盛大的欢送会。杜甫给章彝写了一首离别的诗《将适吴楚留别章使君留后兼幕府诸公得柳字》，记载杜甫当时的心境与章彝为他设宴饯行的情景。眼看就要走了，情况又发生了很大的变化。唐代宗广德二年（764），朝廷下令将东西川合为一道，任命黄门侍郎严武担任剑南节度使。消息一传来，杜甫马上改变了主意，决定再次回成都。

这就很值得我们回味了。严武刚走时，同样是杜甫友人的高适来到四川主持大局，但是杜甫却不愿意再回成都，而是东下回京。现在严武又回到四川，杜甫马上决定重回成都，这到底是为什么呢？

原来，广德元年史朝义自杀身死，安史之乱虽然已经平息，但是安史之乱所引起的一系列后遗症以及麻烦才刚刚开始。正当朝廷论功行赏、歌颂太平的时候，吐蕃的军队趁着安史之乱刚刚结束、唐朝国内尚不稳定，举兵入侵，二十万大军长驱直入，直指长安，结果朝廷猝不及防，唐代宗逃出长安。吐蕃入长安后，另立傀儡皇帝，在城中烧杀抢掠，后来多亏郭子仪等大将巧施妙计，力挽狂澜，吐蕃军队才退出长安。但是吐蕃军队却在四川攻陷剑南西山一线的松州、维州、保州等军事重镇，致使剑南西部抗拒吐蕃的壁垒被打开，当时的成都尹兼剑南西川节度使高适作战不力，对于这些战略要地的失守应承担主要责任。

后来杜甫在严武幕府中做幕僚的时候，曾写了一篇文章叫做《东西两川说》，综论剑南两川军事格局，可以看作是一篇四川军事格局论。文章虽然写在三州失守之后，但是可以看出杜甫对于整个四川的军事政治形势一直有自己独到的见解。归结起来主要有两点：第一，当时镇守四川西山一线大约有四千士兵是关中、山东的汉兵，还有两万士兵是羌族子弟兵，汉族、羌族士兵必须协同作战；第二，为了巩固西山一线防务，虽然山路崎岖，也应当充分保障给养。这些观点恰恰与高适给朝廷分析四川西山一线形势的观点相左。

饶有趣味的是，在梓州、阆州一带闲居的时候，杜甫曾经为阆州刺史代笔写过一篇《为阆州王使君进论巴蜀安危表》，进献给唐代宗。在这篇奏表里，杜甫对当时的军事形势总结了四点：其一，巴蜀的军事政治地位非常重要，现在西山一线重镇失守，请朝廷选派贤明的亲王前来两川主持大局；其二，如果不能选派亲王，请选派一位德高望重、经验丰富的军政老臣前来扭转目前危险的局势；其三，应当撤掉东川节度使建制，将东西两川合并统辖，以增强防务能力，也减轻百姓负担；其四，如果暂时不能撤销东川建制，也应当赶紧选派大臣担任东川节度使，而不能再由留后代理。

这个奏表虽然是代这位阆州刺史写的，但是肯定也代表了杜甫在这些问题上的观点。这个奏表涉及两个重要人物的人事安排，一个是他的好朋友高适，这个奏表其实就是要朝廷赶紧调换主持四川大局的首长，事实上是对高适戍守边境失职的指责；还有一个就是梓州刺史、东川节度留后章彝，奏表对他的工作也表示了不满。前文提及这两个人对待杜甫都很好，在各方面都非常照顾，杜甫要出川东回京，章彝专门为他设宴送行，可想而知他一定也为杜甫做了物质上的准备。高适就更不用说了，他们是青年时代的好朋友。杜甫当然感激别人对自己的帮助，但是在涉及原则的问题上，他依然是绝不让步、坚持己见的。这也能看出杜甫的本色性格。

讲到这里，我们就清楚为什么杜甫听说严武回川担任剑南节度使，就改变了回京的打算，决定立即回成都，也就可以理解为什么一直都很讨厌在衙门里做小吏的杜甫居然同意在严武的节度使幕府中做幕僚。因为在杜甫看来，严武的到来，从各方面来讲，都非常符合自己在四川问题上的主张。他认为严武的到来，一方面可以保障四川一方百姓的安全，自己也可以安心地在成都生活；另一方面，他对严武寄予了很大的希望，希望在严武幕府中可以实现自己在四川问题上的一些想法，从而有一番作为。

唐代宗广德二年（764）暮春时节，杜甫携带家眷又回到了成都草堂，此时高适已被朝廷召回“用为刑部侍郎，转散骑常侍”（《旧唐书》），正四品，后转为散骑常侍，正三品。据《新唐书·百官志》所载：“（门下省）左散骑常侍二人，正三品下，掌规讽过失，侍从顾问。”侍从顾问，其实是个闲职。杜甫在送别高适的诗中写道：“总戎楚蜀应全未，方驾曹刘不啻过。今日朝廷须汲黯，中原将帅忆廉颇。”（《奉寄高常侍》）这个话讲得非常有意思，就是说，您当初做淮南节度使的时候，对付李璘，现在又做剑南西川节度使，对付吐蕃，应该没有完全施展出您的本领吧？您的文才更是超过曹植、刘桢，现在朝廷需要直言切谏的人才，才召您回去，中原的将领们早就想念您了。真是不卑不亢，既不阿谀奉承，丧失原则，也不给好朋友难堪，真是写诗的高手啊！

胡为幕下　不如归去

严武再次为成都尹时已三十八九岁。“上元二年冬，黄门侍郎郑国公严武镇成都，奏为节度参谋、检校尚书工部员外郎，赐绯鱼袋。”（《旧唐书》）严武向朝廷表奏杜甫为节度使署中参谋，检校工部员外郎，赐绯鱼袋（一种荣誉勋章），从六品（月俸五千五百文，半俸二千多文）。五十三岁的杜甫担任了从六品官员，实际的官职是在严武的幕府中做参谋，必须正式到成都城里上班。杜甫自从在759年，即五年前辞官离开华州到现在，终于又回到了做官的行列当中，这不是很好么？其实不然。

对于杜甫而言，幕府里面郁闷、规规矩矩的生活真是让他有些不大适应。他在《立秋雨院中有作》中写道：

山云行绝塞，大火复西流。飞雨动华屋，萧萧梁栋秋。穷途愧知己，暮齿借前筹。已费清晨谒，那成长者谋。解衣开北户，高枕对南楼。树湿风凉进，江喧水气浮。礼宽心有适，节爽病微瘳。主将归调鼎，吾还访旧丘。

在这首诗中，杜甫表达了自己对幕府任职的不满和希望归隐草堂的想法。他感慨自己老大一把年纪，却还只是一个参谋人员，每天花许多的时间上班，却不能给严武多少有用的建言。眼见得自己一天天垂老，却一事无成，还不如回到浣花溪草堂隐居呢。

其实对于杜甫来说，在严武的幕府中任参谋，实在是有许多难言之苦。归结起来大体有这么几条。

第一，他与严武本来是布衣之交，在唐肃宗的朝廷里，同属于房琯一党的人物，同时，他们又都好赋诗作文，也是诗文之友，所以互相之间关系是比较平等的。但是现在，杜甫一方面受到严武的庇护与照顾，一方面又成为严武幕府中的参谋，成为下属，这与杜甫平生的志向相距甚远。严武虽然是一番好意，让杜甫进入幕府参与议事，但是做幕僚远远不是杜甫的志向，这份每天按时上下班、处理文件的工作对于杜甫来讲是非常乏味的。而严武虽然对他很好，却也没有进一步把他推荐给朝廷，相形之下，杜甫心中不免有些失落与失望。所以他在《正月三日归溪上有作简院内诸公》一诗中说："白头趋幕府，深觉负平生。"他认为自己已经年过半百，白发苍苍，每天却要赶着去幕府中上班，真是愧对自己的志向呀！

第二，入严武幕时，杜甫已经五十多岁的年龄，其身份只是地位低下的幕府参谋，这种身份与他才高气傲的性格非常不符。史书上记载，杜甫的个性比较急躁、偏狭，心眼儿比较小，而且行为比较放诞。《新唐书·杜甫传》载："甫旷放不自检，好论天下大事，高而不切。"《旧唐书》载："甫性褊躁，无器度，恃恩放恣。……甫于成都浣花里种竹植树，结庐枕江，纵酒啸咏，与田夫野老相狎荡，无拘检。严武过之，有时不冠，其傲诞如此。”严武作为杜甫的老友，可以容忍他这种放诞行为的存在，但是杜甫却难免遭到同事当中那些轻薄之徒的嫉妒与嘲笑。杜甫在《莫相疑行》中表达了这种愤怒与无奈：

男儿生无所成头皓白，牙齿欲落真可惜。忆献三赋蓬莱宫，自怪一日声辉赫。集贤学士如堵墙，观我落笔中书堂。往时文彩动人主，此日饥寒趋路旁。晚将末契托年少，当面输心背面笑。寄谢悠悠世上儿，不争好恶莫相疑。

杜甫回忆起自己在帝都时受到唐玄宗赏识的往事，并且回忆了自己当年在中书堂中作文的经历，那时候朝中的文人才士们纷纷前来观看他作文章，真可谓是声名显赫。不过，今非昔比，自己在年老发白之际沦落至此，更遭到了一些世俗轻薄之人的嘲笑。

第三，杜甫在严武的幕府之中，目睹严武治理地方的手段，心中也有不满。严武平息叛乱很有办法，他来四川三个月当中，先后收复了当狗城、盐川城，并且在西山一线出击，大获全胜。但是严武对内治理的手段却非常严酷，缺乏理性。《新唐书·严武传》记载：“武在蜀颇放肆，用度无艺，或一言之悦，赏至百万。蜀虽号富饶，而峻掊亟敛，闾里为空。”严武的这种治理方法导致了贪污腐化、横征暴敛现象的发生，这对于杜甫这样一个强调仁政的人来说，是很难接受的。杜甫在诗中对这样的情况予以了抨击，《三韵三篇》其三就是这样的诗作：“烈士恶多门，小人自同调。名利苟可取，杀身傍权要。何当官曹清，尔辈堪一笑。”

第四，据推测，杜甫与严武个人之间发生过冲突。

《新唐书》记载了这样一段故事：“武以世旧，待甫甚善，亲入其家。甫见之，或时不巾，而性褊躁傲诞，尝醉登武床，瞪视曰：'严挺之乃有此儿！'武亦暴猛，外若不为忤，中衔之。一日欲杀甫及梓州刺史章彝，集吏于门。武将出，冠钩于帘三，左右白其母，奔救得止，独杀彝。"大意是说，严武对待杜甫非常不错，还亲自到他家去串门。而杜甫见严武时却很不礼貌，有时不用头巾束发，有一次喝醉酒居然站到严武的座位上，瞪着眼睛怪模怪样地说："严挺之竟有这样一个儿子啊！"严武当面没有说话，但却衔恨在心。一日严武准备率人去杀杜甫，临出门时，可能由于太匆忙，他的帽子竟被帘钩连挂了三次，有人趁机告诉了他的母亲，才及时救了杜甫一命。由此可以看出，尽管严武对自己有所帮助，但杜甫从骨子里是看不起他的，有时会自觉不自觉地表露出来。严武虽没杀他，但对他的接济自然也就少了。后来严武一死，杜甫也就呆不下去了。

唐代笔记《云溪友议》载："杜甫拾遗乘醉而言曰：'不谓严挺之有此儿也。'武恚目久之，曰：'杜审言孙子拟捋虎须耶？'合座皆笑，以弥缝之。武曰：'与公等饮馔，所以谋欢，何至干祖考耶。'房太尉琯亦微有所误，忧怖成疾。武母恐害贤良，遂以小舟送甫下峡。母则可谓贤也，然二公几不免于虎口乎？"这则故事的记载与上则相差无几，也是说杜甫出言不逊，严武的母亲害怕严武迫害杜甫，于是买舟将杜甫送离成都。

这些资料都讲述了杜甫在醉酒之后对严武的不敬，甚至于对严武说出"严挺之居然有你这样的儿子"的话，这种不恭敬的行为招致了严武的不满。不过据我们推测，严武虽然生气，却还不至于杀杜甫。况且，严武年轻有为，三十四五岁做剑南西川节度使，三十八岁做剑南节度使，且杜甫又是他的故交，只是一介文人，从情感上和必要性上都没有理由杀他。但是杜甫喝醉酒多有失言是事实，这也是他自己在《将适吴楚，留别章使君留后兼幕府诸公得柳字》一诗中承认的："常恐性坦率，失身为杯酒。近辞痛饮徒，折节万夫后。

昔如纵壑鱼，今如丧家狗。”这起码说明杜甫的性格中确实存在着一些让严武不满的因素，这可能会导致两人的矛盾，从而使严武疏远杜甫，使杜甫成为如他自己所说的“丧家狗”。

由于这些综合因素，杜甫很难在严武的幕中呆很长时间。所以，杜甫好几次请假回家探亲，实际是想躲避这样的生活。这一年的秋天，杜甫作《遣闷奉呈严公二十韵》一诗：

白水渔竿客，清秋鹤发翁。胡为来幕下，只合在舟中。黄卷真如律，青袍也自公。老妻忧坐痹，幼女问头风。平地专欹倒，分曹失异同。礼甘衰力就，义忝上官通。畴昔论诗早，光辉仗钺雄。宽容存性拙，剪拂念途穷。露裛思藤架，烟霏想桂丛。信然龟触网，直作鸟窥笼。西岭纡村北，南江绕舍东。竹皮寒旧翠，椒实雨新红。浪簸船应拆，杯干瓮即空。藩篱生野径，斤斧任樵童。束缚酬知己，蹉跎效小忠。周防期稍稍，太简遂匆匆。晓入朱扉启，昏归画角终。不成寻别业，未敢息微躬。乌鹊愁银汉，驽骀怕锦幪。会希全物色，时放倚梧桐。

在诗中，杜甫详尽陈述了他要求退出幕府，重返草堂的原因。“白水渔竿客，清秋鹤发翁。胡为来幕下，只合在舟中。”他一上来就声明自己是江湖老翁，深感幕府严格呆板的生活太不自由，非常不适合自己。“黄卷真如律，青袍也自公。”幕府中的簿书督责很严，有如律令，而幕府之礼如同朝廷之严。他的身体又不好，年老体弱，杂病缠身。他患有风湿病，“老妻忧坐痹，幼女问头风”，由于身体不好，久坐就四肢麻木，就算在平地走路也是踉踉跄跄，整天办公自然更加难受。同时，他与同僚意见也不合。而他之所以体衰力竭还来就职，主要是感于至交义不容辞，感激严武的礼义。但在入幕之前，杜甫同严武是老朋友间的平等关系，入幕之后，就成了上下级间的等级关系，这让杜甫感到颇受拘束，就如网中龟、笼中鸟。杜甫说他留恋草堂的闲适生活，向往草堂的宜人景色，担心因为自己不在，草堂会荒芜。他说自己为酬答知己而受到僚属的束缚，为向严武略效小忠而蹉跎岁月。虽然总希望考虑能尽可能周全，不敢有丝毫苟且，但由于性格过分疏简，处理事情仍不免有草率之处。拂晓就要进入幕府办公，直至报告天黑的画角声起才能离开幕府。回不成草堂别业，杜甫无法放松休息，就像愁填银汉的鸟雀，怕鞴锦鞍的劣马。怕受羁绊的杜甫不愿过这种机械呆板的生活，在他四十七岁任华州司功时，这种簿书生活就使得他“发狂欲大叫”，现在年过半百（时年五十三岁），自然更不愿受这种束缚。

就在杜甫比较郁闷的时候，他的弟弟杜颖从山东来看望他，这使杜甫非常高兴，兄弟相见又引发了杜甫的思乡之情。在这种情况下，杜甫回老家的愿望变得日益强烈起来，事实上，自从他来到四川以后，这个念头每时每刻都在缠绕着他，只是时机不到，无法成行。

唐代宗永泰元年（765）四月，严武暴病而死，去世时还不到四十岁。尽管两人曾经有过一点点间隙，但严武毕竟是杜甫多年的朋友，又一直给杜甫提供生活上的帮助。严武去世后，杜甫写诗吊唁这位友人，他在《八哀诗·赠左仆射郑国公严公武》中写道：

郑公瑚琏器，华岳金天晶。昔在童子日，已闻老成名。嶷然大贤后，复见秀骨清。开口取将相，小心事友生。阅书百纸尽，落笔四座惊。历职匪父任，嫉邪尝力争。汉仪尚整肃，胡骑忽纵横。飞传自河陇，逢人问公卿。不知万乘出，雪涕风悲鸣。受辞剑阁道，谒帝萧关城。寂寞云台仗，飘飖沙塞旌。江山少使者，笳鼓凝皇情。壮士血相视，忠臣气不平。密论贞观体，挥发岐阳征。感激动四极，联翩收二京。西郊牛酒再，原庙丹青明。匡汲俄宠辱，卫霍竟哀荣。四登会府地，三掌华阳兵。京兆空柳色，尚书无履声。群乌自朝夕，白马休横行。诸葛蜀人爱，文翁儒化成。公来雪山重，公去雪山轻。记室得何逊，韬钤延子荆。四郊失壁垒，虚馆开逢迎。堂上指图画，军中吹玉笙。岂无成都酒，忧国只细倾。时观锦水钓，问俗终相并。意待犬戎灭，人藏红粟盈。以兹报主愿，庶或裨世程。炯炯一心在，沉沉二竖婴。颜回竟短折，贾谊徒忠贞。飞旐出江汉，孤舟轻荆衡。虚无马融笛，怅望龙骧茔。空余老宾客，身上愧簪缨。

在这首诗中，杜甫对严武的人生和品德做出了总结。严武少年时期就已经阅尽百家书，颇具盛名，任职后，又能嫉恶如仇，是非分明，并为唐王朝立下了战功。这样的官员来到四川后，使这个地方的风土人情变得更为儒雅，他用他的精神塑造了一方土地的精神。因为严武的到来，使这里的雪山都显得更厚重，而现在严武的离去也减轻了雪山的分量。总之，在杜甫眼中，他的这位友人对于四川乃至于整个唐王朝来讲都是很重要的，他的离去是四川人民的遗憾，也是帝国的损失。对于杜甫来讲，友人的离去也使他非常悲痛，感到了孤独。

严武的去世使杜甫失去了在四川的依靠，在生活上和政治上都失去了指望，这种失落使杜甫的思乡之情更切。五月份他便买船南下，离开了成都，他想再次回到让他魂牵梦绕的地方——长安。

第七章

转蓬潇湘成永眠

杜甫离开了四川，离开了生活四五年的成都，他买舟东下，目的地就是日思夜想的长安和洛阳。在成都、在梓州，杜甫虽然过着相对安静、不愁衣食的生活，但这只不过是他从华州逃荒之后的结果，而不是他有意识的选择。比起秦州、同谷等地，他在成都的运气确实不错，得到几个官场中有势力的朋友的接济和帮助，颇有些小家乍富的感觉。但是这种状态也仅仅只是达到温饱，并非是杜甫人生的终极追求，成都生活不可能成为杜甫的最终落脚点。杜甫不仅要安居，还要乐业，还要为这个国家有所作为。

因而，成都对杜甫来说只是一个暂时的避难之地，而不是一个长久的乐业之地。他若想做一番大事业，想成就自己的理想，呆在成都是不行的，还要到中原地区去。这是杜甫决意离开四川回到中原地区的根本动因，严武的去世只不过提前了杜甫离川的时间，或者说坚定了杜甫离川的决心。

文园病渴　羸滞夔州

五月份，杜甫离开成都，乘舟沿江南下，先后经过嘉州（今乐山）、戎州（今宜宾），再向东北方向，经过渝州（今重庆）、忠州（今忠县），九月份到达云安（今云阳）。因为旅途劳顿，杜甫的肺病、风痹发作，致使双脚麻痹，不得不在云安滞留养病。杜甫在《十二月一日三首》中写道：

今朝腊月春意动，云安县前江可怜。
一声何处送书雁，百丈谁家上水船。
未将梅蕊惊愁眼，要取楸花媚远天。
明光起草人所羡，肺病几时朝日边。（其一）

寒轻市上山烟碧，日满楼前江雾黄。
负盐出井此溪女，打鼓发船何郡郎。
新亭举目风景切，茂陵著书消渴长。
春花不愁不烂熳，楚客惟听棹相将。（其二）

这两首诗中，杜甫提及“肺病几时朝日边”“茂陵著书消渴长”，说了自己身体的不适。他还在《别常征君》诗中详细地描述了自己身体的状况：

儿扶犹杖策，卧病一秋强。
白发少新洗，寒衣宽总长。
故人忧见及，此别泪相忘。
各逐萍流转，来书细作行。

客人来看望杜甫，他勉强起身相迎，但是得让儿子宗文、宗武扶着，还得拄着拐棍儿。杜甫刚刚洗过头，白发显得更加稀少。他的身体日渐消瘦，让本来合身的寒衣好像变得又长又宽。老朋友看到了他的模样不禁担忧，但终须一别也只能泪眼相望。杜甫盼望在乱世中萍踪不定的朋友们，还能有音信相通。从诗中看来，杜甫似乎病得不轻，现在的他必须得有一个稳定的住所。

第二年，即唐代宗永泰二年（766），杜甫一家人继续向东行，经水路二百四十里，花了两天时间来到了夔州。夔州位于现在的重庆奉节东十余里处，奉节就是古代的白帝城，坐落在三峡中（由西向东，依次为瞿塘峡、巫峡、西陵峡）最西边的瞿塘峡北岸上。瞿塘峡是进入四川的地理咽喉，两岸峭壁相对，犹如两扇大门，所以人称夔门，也是三峡之门。白帝城有着丰厚的历史文化内涵，刘备去世前曾在此地托孤于诸葛亮，李白也曾写下名句“朝辞白帝彩云间”，夔州就是在白帝城的基础上扩建而成的。

杜甫在夔州先后住了好几个地方，最先住在西阁，后来住在瀼西草堂，最后住在东屯。刚刚在夔州西阁住下来，吃水就成了一个大问题，原来夔州这个地方乱石峥嵘，不便于凿井，但是却可以从高山顶上向下引水。杜甫在《引水》诗中记述了引水的方法：

月峡瞿唐云作顶，乱石峥嵘俗无井。
云安沽水奴仆悲，鱼复移居心力省。
白帝城西万竹蟠，接筒引水喉不干。
人生留滞生理难，斗水何直百忧宽。

看来在西阁喝水并不是一件容易的事儿，要用一根一根的竹筒连接起来，将水引下山。在这个过程中也容易发生故障，比如竹筒开裂或者脱落，就很麻烦。老杜从唐代宗广德二年（764），在严武幕府中做幕僚的时候，就开始患上了糖尿病（古称消渴症），得了这个病之后，总是觉得非常口渴，这个渴劲儿一上来，就难以忍受，如果正好碰上引水的竹筒发生故障，那可就麻烦了！

为了保证有足够的水喝，杜甫常常派仆人去检查竹筒的情况。一次，他派了个叫做阿段的少数民族仆人上山寻找水源，一直等到三更半夜的时候，才听到竹筒中的泉水丁丁当当地滴落到瓮里的声音，这声音仿佛从山顶的云端一直注入自己的心田，一路上都把山间的白云打湿了。本来这是件烦心而痛苦的事儿，但是经杜甫一写，却极其富有诗意："山木苍苍落日曛，竹竿袅袅细泉分。郡人入夜争余沥，竖子寻源独不闻。病渴三更回白首，传声一注湿青云。曾惊陶侃胡奴异，怪尔常穿虎豹群。"（《示獠奴阿段》）可见，即使是在痛苦的时候，杜甫也常常怀着诗意去体会，赋予这种痛苦一种诗的美感。

还有一次，天气特别热，引水的竹筒又坏了，身患消渴症的杜甫口渴难耐，只好派一个叫信行的仆人冒着酷暑上山去查看竹筒，往返四十余里，终于修好了，杜甫非常感谢这个仆人，特地写了一首《信行远修水筒》诗：

汝性不茹荤，清净仆夫内。秉心识本源，于事少凝滞。云端水筒坼，林表山石碎。触热藉子修，通流与厨会。往来四十里，荒险崖谷大。日曛惊未餐，貌赤愧相对。浮瓜供老病，裂饼尝所爱。于斯答恭谨，足以殊殿最。讵要方士符，何假将军盖。行诸直如笔，用意崎岖外。

诗中描述信行修复了被山石压坏的水筒，透过诗句也可看出杜甫对僮仆观察细心。正如《杜臆》所说："清净而心识本源，恭谨而事少凝滞，士人有此，亦佳士矣。公以此观僮仆，何等深心。"对身为僮仆的信行，他不但对其品格不吝赞赏，当看到黄昏时分才回到家中的信行，脸晒得通红，又热又饿时，赶紧将供自己消暑去病，冰镇在冷水中的西瓜拿出来给他吃，又将自己嗜食的大饼切给他吃，以表达自己的谢意。从这两首诗中，可以看出杜甫与仆人之间和谐的关系。

杜甫的身体很差，长期颠沛流离的生活使他不仅染上了糖尿病，还患有风湿病与风痹症。"吾衰怯行迈，旅次展崩迫。愈风传乌鸡，秋卵方漫吃。"杜甫听说乌骨鸡能够治疗风湿麻痹症，就养了一大群，大概五十多只，结果将家里弄得乱七八糟，于是他让大儿子宗文带领仆人修补好鸡的栅栏，加强管理。这件生活小事儿，也让杜甫记载在了《催宗文树鸡栅》中。

夔州四面都是山，老百姓为了防止野兽伤人，就在房屋周围修筑起非常坚实的篱笆与石头院墙。杜甫入乡随俗，也让仆人们上山砍树修筑篱笆墙，他有一首诗《课伐木》，对此活动记叙得非常详细：

……长夏无所为，客居课奴仆。清晨饭其腹，持斧入白谷。青冥曾巅后，十里斩阴木。人肩四根已，亭午下山麓。尚闻丁丁声，功课日各足。苍皮成委积，素节相照烛。藉汝跨小篱，当仗苦虚竹。空荒咆熊罴，乳兽待人肉。不示知禁情，岂惟干戈哭。城中贤府主，处贵如白屋。萧萧理体净，蜂虿不敢毒。虎穴连里闾，堤防旧风俗。泊舟沧江岸，久客慎所触。舍西崖峤壮，雷雨蔚含蓄。墙宇资屡修，衰年怯幽独。尔曹轻执热，为我忍烦促。秋光近青岑，季月当泛菊。报之以微寒，共给酒一斛。

在这首诗中记叙了仆人们早晨吃饱后上山伐木，每个人一天砍四根树木就够了。劳动的过程在杜甫看来也是轻松愉快的，刚刚听到伐木叮叮的声音，仆人们便已经完成了各自的任务。之所以要伐木筑墙，是为了防止山中的野兽伤人。对这些仆人，杜甫也充满感激之情，不敢慢待，赏赐给他们每人一大桶好酒。

通过这几件生活小事儿，可以看出杜甫在夔州的生活非常宽裕。从他的诗作中能够看出他有不少的仆人，比如獠奴阿段、隶人伯夷、辛秀、信行、女奴阿稽等等，这些仆人帮了杜甫不少的忙。那么杜甫的经济来源是什么呢？

幽居养拙　耕稼山村

与在成都草堂时期依附高适、严武、裴冕等人一样，杜甫在夔州也依附了当地的官员，主要是担任夔州都督兼任御史中丞的柏茂琳。柏茂琳对杜甫非常关照，主要表现在对他经济上的资助。

杜甫在夔州瀼西草堂居住的时候，购买了大约四十亩的果园，十余亩的菜园。同时，大概经过柏茂琳的推荐，从而得到了朝廷的允许，杜甫开始负责主管东屯的一百顷公田。这一百顷公田属于官田，因此杜甫的责任还是很大的。他在《晚》一诗中说自己“人见幽居僻，吾知拙养尊。朝廷问府主，耕稼学山村”。

杜甫本来也无需亲自管理，他手下还有一个执行官——行官张望。但是，杜甫是一个非常负责的人，他对张望不太放心，有时不得不派家里的奴婢仆人去田间视察监督。他在《行官张望补稻畦水归》中写道：“东屯大江北，百顷平若案。六月青稻多，千畦碧泉乱。……秋菰成黑米，精凿传白粲。玉粒足晨炊，红鲜任霞散。终然添旅食，作苦期壮观。遗穗及众多，我仓戒滋漫。”又在《秋，行官张望督促东渚耗稻向毕清晨遣女奴阿稽竖子阿段往问》中说：“上天无偏颇，蒲稗各自长。人情见非类，田家戒其荒。功夫竞搰搰，除草置岸旁。谷者命之本，客居安可忘。青春具所务，勤垦免乱常。”这些都体现了杜甫对农事的态度和对这百顷田地的认真负责。

后来杜甫干脆将瀼西草堂借给他一个亲戚吴郎居住，自己直接搬到东屯。这个时候发生了一个小小的插曲。杜甫还在瀼西草堂居住的时候，邻居有一位孤苦伶仃的寡妇，没有依靠也没有儿子，在杜甫家枣树成熟的时候常常来打枣子，也许是自己吃，也许是卖掉换来一些糊口的钱吧。不料杜甫的这位亲戚吴郎来了之后却在房子周围扎上篱笆，杜甫知道后深为不满，写了一首《又呈吴郎》给他，委婉地开导了一番：

堂前扑枣任西邻，无食无儿一妇人。
不为困穷宁有此，只缘恐惧转须亲。

即防远客虽多事，使插疏篱却甚真。

已诉征求贫到骨，正思戎马泪盈巾。

他在诗中告诉吴郎，不要为了提防这位穷苦无依的寡妇而故意扎上篱笆，应该同情她的遭遇而对她更加照顾，现在时局混乱，战乱不息，我想到到处都是像她这般深受剥削，已穷到骨髓的穷苦人家，心里难过得热泪盈巾。由此可见杜甫的仁者情怀。

这一百顷公田的收入当然要上交国家，但是对于杜甫来说，也能得到相应的回报，总有一部分可以作为他的禄米归他所有。按照杜甫为检校工部员外郎的俸禄，从六品上，禄米九十石，职分田四顷，俸料五千三百，起码吃饭不成问题了。

柏茂琳还专门指定当地的园官，大概相当于现在负责蔬菜供应的后勤官员，定期给杜甫送来瓜果蔬菜。可是这个园官是个势利眼，柏茂琳如果看得不严，他就故意怠慢杜甫，一连几天不给杜甫送菜，就是送来了，也不过是一些口感差、廉价的苦莴苣、马齿苋等等。但是历经无数风雨的杜甫对这样的小事也未必介怀，只不过在诗中略加讥讽而已。对于杜甫来讲，他对眼前的生活已经相当满意了。

总之，杜甫在夔州时期的生活状况确实不错。今天，我们翻开杜甫在夔州时期的诗文就会发现，他在夔州的一年零九个多月中，共写了四百五十多首诗，而杜甫流传至今的诗文一共有一千四百多首。这足以说明杜甫在夔州时期生活很安定，为他的创作提供了一个较坚实的经济基础。

恶风异习　思归三秦

在夔州的生活看来没有什么太大的问题，但是杜甫的心情并不好，也并不想在夔州久居下去，归结起来主要有这样几个方面的原因。

首先，正如前面所言，杜甫希望能够回到长安和洛阳，他曾在诗中说：“此生那老蜀，不死会归秦。”（《奉送严公入朝十韵》）成都尚且不是他久居之地，更何况夔州？只要杜甫一息尚存，他就不会放弃回长安、洛阳的想法。叶落归根，人越是在年老之时，就越是思念自己的故乡，对于杜甫来讲更是如此，因为京都不仅是他的感情所系，同时也是他的政治理想所在。

但是，杜甫要回长安的想法并不现实。杜甫曾有《去蜀》一诗：“五载客蜀郡，一年居梓州。如何关塞阻，转作潇湘游。世事已黄发，残生随白鸥。安危大臣在，不必泪长流。”在这首诗中，杜甫指出自己没有回长安的主要原因是关山相隔，于是转至潇湘一带。同时，朝廷对他并不感兴趣也是一个原因，他曾在《酬韦韶州见寄》中说：“养拙江湖外，朝廷记忆疏。”也许，杜甫曾经通过柏茂琳向朝廷表达过什么意愿，但是没有得到回应。另一方面，杜甫的身体也不允许他再返回朝廷担任什么实际工作了，他在《客堂》一诗中说：“尚想趋朝廷，毫发裨社稷。形骸今若是，进退委行色。”

其次，杜甫并不喜欢夔州。尽管夔州给杜甫带来较为稳定的收入与安定的生活，但是住得时间长了，杜甫对夔州的印象越来越不好。他曾在《览物》一诗中说：“形胜有余风土恶，几时回首一高歌？”可见，他对这里的风土人情并不喜欢。根据杜甫自己的说法，夔州不招他喜欢主要有这么几个方面：

其一，杜甫在《负薪行》中写道：

> 夔州处女发半华，四十五十无夫家。更遭丧乱嫁不售，一生抱恨堪咨嗟。土风坐男使女立，应当门户女出入。十犹八九负薪归，卖薪得钱应供给。至老双鬟只垂颈，野花山叶银钗并。筋力登危集市门，死生射利兼盐井。面妆首饰杂啼痕，地褊衣寒困石根。若道巫山女粗丑，何得此有昭君村。

夔州的黄花闺女有的已经四五十岁，头发都花白了，但还是嫁不出去，难道是因为长得丑吗？不是，主要是因为长年战乱，青年男子大多出征，或者在战乱中死去，导致了男女比例悬殊，这些女子又能嫁给谁呢？杜甫为这些女子韶华逝去而感叹。同时，让他不能理解的是这个地方的风俗也很奇怪，男子操持家务，女子在外干活，她们不仅需要攀上崇山峻岭去砍柴，背柴到集市上去卖掉，而且还要不顾死活地上盐井去贩卖私盐以牟取暴利。她们衣着单薄，蜷缩在石头旮旯底下，脸上虽然化了妆，双鬟垂在脖子上，将野花与银钗插在头上，但是却遮不住眼中的泪水。杜甫为此打抱不平，随后问道：如果说夔州的女子这么难看，为什么会出现昭君这样的美女呢？最终，杜甫将矛头指向了夔州一带不合理的社会现实。

其二，在《最能行》中表达了对夔州男子轻生逐利、气量狭窄的行为的不满：

> 峡中丈夫绝轻死，少在公门多在水。富豪有钱驾大舸，贫穷取给行艓子。小儿学问止论语，大儿结束随商旅。欹帆侧舵入波涛，撇漩捎濆无险阻。朝发白帝暮江陵，顷来目击信有征。瞿唐漫天虎须怒，归州长年行最能。此乡之人气量窄，误竞南风疏北客。若道土无英俊才，何得山有屈原宅。

这首诗总的意思是说夔州人从小不怎么读书，长大后就靠驾船讨生活，他们驾船的技术很高，胆子很大，甚至有不要命的劲头。他现在才知道“朝辞白帝彩云间，千里江陵一日还”确是实情。但是，这些船夫心胸都很狭窄，对于北方的人态度都不好，缺少文化之气。可是又很奇怪，这里竟出现了像屈原这样的大诗人。

其三，杜甫对于当地的生活习惯和风俗也不适应。他在一首诗里写道“异俗吁可怪，斯人难并居。家家养乌鬼，顿顿食黄鱼”

（《戏作俳谐体潜闷二首》）。这个地方的风俗在杜甫看来实在奇怪，压根儿没法和他们生活在一起，这里每家每户都养一种水鸟，即鸬鹚，可以用来捉鱼，所以家家户户顿顿都食黄鱼。对于杜甫这样一个北方人来讲，肯定无法适应他们的饮食习惯。在这里，杜甫的饮水也成问题，他说“塞俗人无井，山田饭有沙”（《溪上》），这儿没有水井，吃水困难，再就是吃饭的时候饭里面老有沙子。

杜甫对这里的居住环境也不习惯。“岁月蛇常见，风飙虎或闻。近身皆鸟道，殊俗自人群。”（《南极》）就是他生活的环境。外出散步时，时常会遇到蛇从不同的地方窜出来，常常在刮着风的时候，可以听到老虎吼叫的声音。可见这个地方非常潮湿，人烟稀少。此外，杜甫还说“瘴疠浮三蜀，风云暗百蛮”（《闷》），“巴蜀倦剽掠，下愚成土风”（《赠苏四徯》），“夷音迷咫尺，鬼物傍黄昏”（《奉汉中王手札》）。

看起来，夔州这个地方虽然面临瞿塘峡，风光雄奇壮丽，山峦险峻，生活相对安定，但是毕竟处于汉族与多个少数民族聚居的地区，风土人情、饮食起居的习惯与中原地区相差太大。杜甫从小在洛阳长大，长期活跃在长安、洛阳这样的大城市，已经养成了一套属于自己的生活习惯，因此，时间长了难免受不了。夔州又不比西南地区的中心城市成都，毕竟只是个小城市，异类文化的色彩及地域文化的特点更重，老杜的心情是可以理解的，所以越在夔州呆着，就越是思念故乡，思念洛阳、长安。在这些原因的综合作用下，杜甫终于决定放弃较为优越的生活条件，离开夔州。

具舟出峡　饥寒向隅

终于，在夔州居住了一年零九个月之后，杜甫决定离开夔州，南下江陵。

早些时候，杜甫的三弟杜观专门从长安来到夔州与兄长见面，他们相约在江陵相会。杜甫将瀼西草堂所买的果园送给朋友，买舟南下。不过，他先将妻子儿女安置在江陵以北的当阳，也就是今天的湖北当阳，与早先到达那里的三弟杜观相聚，他自己则一路直奔江陵来投靠族弟、李林甫的女婿杜位。杜位此时担任荆南节度使幕府中的行军司马，相当于军中的参谋，节度使则是卫伯玉，江陵尹是郑审，这两人也是他的朋友。

杜甫此来的目的是要得到杜位与卫伯玉的资助，具体资助了多少不得而知，但是从杜甫的诗中，我们可以知道，他这一时期的日子过得并不好。他在《水宿遣兴奉呈群公》中写道："鲁钝乃多病，逢迎远复迷。耳聋须画字，发短不胜篦。"杜甫眼看着孩子们饿得嗷嗷直叫，身为父亲又无法找到更多的资助，给孩子提供更好的生活条件，于是，只好接着往前走。

带着家眷，杜甫一路乘舟顺流而下，先后经过今天的湖北公安、湖南岳阳，渡过洞庭湖，路过湖南湘阴、长沙，路过南岳衡山，经过几千里水路的长途跋涉，最后到达目的地衡州（今湖南衡阳）。杜甫到衡州的主要目的就是前来投奔青年时代的好朋友、衡州刺史韦之晋，这在《奉送韦中丞之晋赴湖南》一诗中有记载。但计划赶不上变化，这一年二月份，即唐代宗大历四年（769）早春时节，韦之晋奉诏调往潭州担任刺史，夏天却突然病故，这对杜甫打击很大，这时杜甫已经五十七岁了！杜甫本来到衡州是想投奔韦之晋的，但是现在没有了依靠，只好又回到了潭州。

这个时候，杜甫的积蓄已经不多了，他必须到处跑关系、跑门路，为全家筹集更多的生活费用，这是他的责任，因为妻子、儿女、兄弟的生活都指望着这位丈夫、父亲、兄长呢。于是，杜甫挖空心思地寻找自己在官场上的熟人，这个时候他碰上一个人——李龟年。

李龟年是开元天宝时期著名的音乐家，在长安的时候曾经富甲一方。他不仅是一个宫廷音乐家，因为受到朝廷的重视，他本身也有着一定的政治身份。但是安史之乱爆发以后，物是人非，李龟年也流落到江南，在这里因为他在音乐上的盛名，也因为他擅长弹奏很多种乐器，时常会接到别人的邀请去演唱一些歌曲。他演唱的都是开元、天宝盛世的歌曲，这些盛世之音对于离乱之人来说，听了之后别有一种感伤的情怀。《江南逢李龟年》正是杜甫在这样的心情下写出的一首脍炙人口的诗：

岐王宅里寻常见，崔九堂前几度闻。
正是江南好风景，落花时节又逢君。

这首诗写乱离之后他乡遇故知而感伤世事变幻。开头两句追忆昔日与李龟年的接触。他曾经常出入于岐王李范和秘书监崔涤的门庭，与李龟年相识并得以欣赏他的歌唱艺术。通过追忆，诗人表达了对开元盛世的眷怀。后两句感慨自己和友人不得不颠沛流离的现状，流露出对帝国昔治今乱的感伤。仅仅四句概括了开元以来的国家巨变和人世沧桑。全诗语言平淡易晓，内涵却无限深远。

大历五年（770）四月，湖南兵马使臧玠杀死湖南观察使、潭州刺史崔瓘，潭州大乱，杜甫不得不南下衡州，继而想前往郴州，依附族舅崔伟。杜甫写了《入衡州》一诗记载这一行程。

途中走到耒阳（今湖南耒阳）境内的方田驿，江水上涨，不得不在此停泊五天。此时距离耒阳还有四五十里路，走水路一天就到了。但是这几天南风大作，发了大水，水涨之后船便静止在水上了，杜甫一家被困在船上没吃没喝。耒阳县令听说之后，赶紧写了一封热情洋溢的安慰信，然后派人送来牛肉和白酒，杜甫一家人这才得以解除饥饿的窘境。从唐朝开始，一些文人编纂的笔记杂记或者诗文当中，就说杜甫在耒阳去世。至于杜甫是如何死的，则有三种不同的说法：第一种是饿死说。杜甫全家被困船上，后来耒阳县令送来吃的，由于饥饿而吃得太多太快了，引起了肠胃急性病，结果去世了，古人有个比较文雅的词儿，叫做饫死。第二种是食物中毒而死。跟天气暖和有关系，即是说杜甫到耒阳时大概已经四五月份，天气已经比较暖和了，因此耒阳县令送来的牛肉有些变质，杜甫食用之后，引起食物中毒，因而杜甫死于牛肉中毒。第三种说法则认为不是饫死，也不是食物中毒死的，而是淹死的。之所以有淹死之说，是耒阳县令为了躲避朝廷的责难而编造的。据说玄宗从成都回到长安后做了太上皇，于是朝廷下诏书寻访天宝旧臣，耒阳聂县令出于好意，打听到了杜甫的行踪并送来好酒好肉，却不料导致了杜甫的死亡，为了逃避责任，于是就编造说，杜甫淹死了。这些说法到现在也还有争论。

但是，如果认真研读杜甫的诗文就会发现，杜甫并没有在耒阳去世，有《回棹》一诗为证，回棹即调转船头之意。在这首诗里面，他指出了一条路线图：他没有在耒阳大水退去之后直接去郴州，而是调转船头，向北返回潭州，计划从岳阳去北边的汉阳、襄阳。也许杜甫仍然心存梦想，想回到他阔别多年的故乡洛阳，也想回到能够实现他人生理想的长安。但是，他的身体状况早已经不允许他实现这个梦想了。

疟疠风瘫　旅殡岳阳

五十九岁的杜甫距离死亡越来越近，他的衰弱之躯早已经不能再支撑他继续走完剩下的路程。

首先，坎坷的人生经历给杜甫的精神造成了很大的伤害。安史之乱结束了，但是宦官、朋党的权力斗争愈演愈烈，吐蕃、回纥的军队屡屡威胁、进犯京师长安，各地的军阀也不断爆发新的叛乱，大唐王朝就像一个百病缠身的老人经历着病魔的一次次侵袭，这些都让一辈子关心国计民生、忠君爱国的杜甫陷入长久的痛苦、忧虑之中，对他的身心造成很大的伤害。

此时，杜甫已经身心疲惫，尽管如此，他在已经接近生命尽头之时，仍写下了忧国忧民的《登岳阳楼》：

昔闻洞庭水，今上岳阳楼。
吴楚东南坼，乾坤日夜浮。
亲朋无一字，老病有孤舟。
戎马关山北，凭轩涕泗流。

杜甫登上了洞庭湖畔的岳阳楼，眺望洞庭湖雄伟壮观的景色，想起自己的弱病之身，想起自己一生未竟之功业，想起兵戈扰攘，社会动荡，人民流离失所，诗人忍不住涕泪纵横。通过这首诗，我们可以看到杜甫暮年对国家、对人民深切的关怀。

其次，杜甫的身体状况已经日渐恶化。从四十岁左右开始，杜甫就一直过着颠沛流离的生活，长期的漂泊，使他身患多种疾病。从杜甫的诗中，我们所能知道或者合理推测的就有：糖尿病、肺病、风湿病、风痹、疟疾等等。

早在困守长安十年时，杜甫就患上了糖尿病。他在《同元使君春陵行》中说："我多长卿病，日夕思朝廷。肺枯渴太甚，漂泊公孙城。"诗中所提及的"长卿病"指糖尿病，因为司马相如就曾患此病，杜甫以此代指。

杜甫还患有严重的肺病。他在《寄薛三郎中璩》诗中写道："春复加肺气，此病盖有因。早岁与苏郑，痛饮情相亲。二公化为土，嗜酒不失真。"诗中说自己春天时肺病严重了，自己也知道病因，曾经与自己喝酒的两位朋友已经逝去，可见喝酒是非常伤身体的。

此外，杜甫还患有风痹症。有时候太劳累或者做事情太专注了，就会引起身体局部的麻痹，或者偏头痛，甚至有短期的半身不遂的现象。“老妻忧坐痹，幼女问头风”（《遣闷奉呈严公二十韵》），老妻和女儿对他非常关心，妻子总是问他什么地方又发麻了，什么地方又不听使唤了，女儿也常常问他是否又偏头痛了。

还有疟疾。“峡中一卧病，疟疠终冬春”（《寄薛三郎中璩》），从冬天到春天，疟疾就没有停止过，这对杜甫也是一个折磨。

糖尿病控制不当，引起并发症，使得杜甫非常痛苦。后来竟然发展到右胳膊瘫痪肌肉萎缩：“右臂偏枯半耳聋，……悠悠伏枕左书空”（《清明二首》之二），这导致他不能顺利地进行书写。写出来的字别人也不认识：“我瘦书不成，成字读亦误。”（《送高司直寻封阆州》）由于自己写的字墨一会儿浓一会儿淡，连家里人也不认识了：“呼儿具纸笔，隐几临轩楹。作诗呻吟内，墨淡字攲倾。”（《同元使君舂陵行》）再到后来，杜甫的病情更加严重了，他的左耳聋了，视力也严重衰退，牙齿也掉了一半，“牙齿半落左耳聋”（《复阴》），“眼复几时暗，耳从前月聋”（《耳聋》）。此时，他完全成了一个百病缠身的老人。总之，杜甫不仅遭受离乱之苦的折磨，而且还遭受长期病痛的折磨。

其三，杜甫还经受着老朋友相继离世带给他的精神上的痛苦。

从公元 760 年开始，就是杜甫四十九岁之后，几乎每年都有一些老朋友去世，这对他来说是很大的打击。我们来细细地看一下：

公元 760 年（一说 763 年），储光羲去世。在长安时，他们曾一起登临大慈恩寺塔。

公元 761 年，王维去世。杜甫在长安的时候，与王维同朝为官，彼此又是诗友，所以相互之间的感情比较深厚。王维在当时诗坛上名气也很大，是一代文宗，他的去世让杜甫感到非常悲痛。

公元 762 年，李白去世。杜甫年轻时曾跟李白同游梁宋，纵马燕赵，结下了深厚的友情。杜甫写给李白的诗、怀念李白的诗、悼念李白的诗多达二十首，李白也曾写过四五首诗给杜甫。李白的去世对于杜甫来说也是一个很沉重的打击，他在很多诗篇里都表达了自己悲痛的心情。

公元 763 年，房琯去世。杜甫与房琯可谓布衣之交，未出仕做官前两人已经是好朋友。后来，杜甫进入仕途，跟房琯也有很大的关系。房琯的去世也让杜甫心灵为之震动。

公元 764 年，郑虔、苏源明去世。

公元 765 年，高适、严武先后去世。高适、李白、杜甫三人在年轻的时候就是好朋友，严武就更是相识于微时，而杜甫在成都能安居生活，在很大程度上就是因为严武在当地为官。

公元 769 年，韦之晋去世。

十年间，有近十位老朋友故去，这里有与他同朝为官的朋友；有如兄长一般的诗友，还有对他的人生产生重大影响、并且对他的生活提供很大资助的一批官员。这些故人的纷纷谢世，使得年老的杜甫不能不产生孤寂之感，这就难怪流落巴蜀之后，杜甫常常在诗文之中流露出浓厚的身世之悲，觉得将要不久于人世：“子壮顾我伤，我欢兼泪痕。余生如过鸟，故里今空村。”（《贻华阳柳少府》）“附书与裴因示苏，此生已愧须人扶。致君尧舜付公等，早据要路思捐躯！”（《暮秋枉裴道州手札，率尔遣兴寄递，呈苏涣侍御》）

这种极度悲伤和绝望的心情也注入杜甫的绝笔诗《风疾舟中伏枕书怀三十六韵奉呈湖南亲友》中：

……书信中原阔，干戈北斗深。畏人千里井，问俗九州箴。战血流依旧，军声动至今。葛洪尸定解，许靖力难任。家事丹砂诀，无成涕作霖！

中原老家长久没有音讯，战火依然在京城蔓延。这个世道到处都充满了险恶的陷阱，到处都要小心谨慎。自从安史之乱至今，陇西、巴蜀、湖湘、河北等地叛乱不断，干戈四起，民生凋敝。我想自己久病不愈，身体极度衰弱，早已经没有能力再四处漂泊，恐怕要不久于人世了！我只恨自己没有炼成仙丹，延年益寿，到头来功名也一无所成，想到这里，不禁泪如雨下！

这首诗之后，我们再也没有见到杜甫的诗作，可以说这是他的绝笔诗、绝命辞。在这首诗里，杜甫依然关心着处在动荡中的国家、朝廷，依然为自己的功名无成而感到万分的悲痛，泪满衣襟！

漂泊了半生的杜甫，丢下了他的妻子、儿女、兄弟还有朋友，死在了北去岳阳的湘水之上，死在了送他离开四川的那条旧船上。很有意味的是，在湘水的东边，是传说中潇湘妃子哭泣的洞庭湖，在湘水的西边，是大诗人屈原投江自尽的汨罗江。

穷困一生的杜甫，这样一位大诗人，直到死都没有能够回到他的故乡。诗人生前颠沛流离，居无定所，死后安身何处？与杜甫的死因相对应的是关于杜甫的卒地、墓地也有好几种不同的说法。综合学术界研究的一些成果，杜甫应该是病卒于从潭州（今长沙）去岳州（今岳阳）的水路上。在他刚刚去世之时，因家里太穷，无力将其迁回杜氏家族的祖坟，杜甫十三世祖杜预、祖父杜审言所葬之地——河南偃师杜楼村。因此，杜甫死后便被葬于岳阳所属的平江的小田这个地方。

一直到杜甫去世四十三年以后，唐宪宗元和八年（813），杜甫的孙子杜嗣业才把杜甫的尸骨迁葬回其祖坟所在地，埋葬在杜甫最为崇敬的十三世祖杜预墓的旁边。同时，他特地邀请当时的大文豪元稹写了一篇墓志铭：

昔当阳成侯姓杜氏，下十世而生依艺，令于巩。依艺生审言，审言善诗，官至膳部员外郎。审言生闲，闲生甫；闲为奉天令。甫字子美，天宝中献《三大礼赋》，明皇奇之，命宰相试文，文善，授右卫率府胄曹。属京师乱，步谒行在，拜左拾遗。岁余，以直言失官，出为华州司功，寻迁京兆功曹。剑南节度使严武状为工部员外郎，参谋军事。旋又弃去，扁舟下荆、楚间，竟以寓卒，旅殡岳阳，享年五十有九。夫人弘农杨氏女，父曰司农少卿怡，四十九年而终。嗣子曰宗武，病不克葬，殁，命其子嗣业。嗣业以家贫，无以给丧，收拾乞丐，焦劳昼夜，去子美殁后余四十年，然后卒先人之志，亦足为难矣。

铭曰：维元和之癸巳粤某月某日之佳辰，合窆我杜子美于首阳之山前。呜呼！千载而下，曰：此文先生之古坟。

（《唐故检校工部员外郎杜君墓系铭》）

墓志铭明确指出，杜甫死后葬于岳阳。其夫人去世的时候四十九岁，其长子宗文不知所终，次子宗武去世时嘱咐儿子杜嗣业一定要将祖父的坟墓迁葬回故乡。但是杜嗣业很穷，只好一点点地积累，并四处筹措资金，日夜操劳，这才在杜甫死后四十三年将其迁葬回偃师。同时，元稹给予杜甫极高的评价，他认为自有诗人以来，没有人能够超过杜甫，杜甫的诗歌成就甚至超过李白。这个观点在当时真是发前人所未发，可谓振聋发聩，开启了杜诗评价的新历史。

一代诗圣就这样默默地死去了，陪伴他的只有静静的洞庭湖水和江涛之声。但是，这位伟大的诗人留给后人的一千四百多首诗篇，却不知照亮了多少处在沉沉暗夜当中的心灵，激励过多少处在艰难困苦奋斗当中的仁人志士。

第八章

诗成为圣亦为史

杜甫跌宕起伏的求官之路和苦难坎坷的生活历程充满了艰辛，他所经历的政治挫折、贫穷、饥饿、疾病、逃亡，都是一般人无法想象和承受的。但也正是因为这些苦难与坎坷，才铸就了杜甫那悲天悯人的仁者情怀，才造就了那一篇篇超越时空的动人诗篇，也才最终成就了他“诗圣”的美誉，他的诗也被后世称为“诗史”。

那么，杜甫在诗坛上是不是一直享有诗圣的地位，获得很多的光环呢？他在世的时候是不是就获得许多人的追捧呢？其实不然，杜甫在世的时候，不仅名气不大，甚至一直没有被归入一流作家的行列。那么，与他同时代的人是怎样评价杜甫诗歌的呢？为什么他生前身后的名气差别如此之大？到底是谁最早称他为“诗圣”的呢？

百年自苦　未有知音

杜甫曾在《壮游》诗中回忆自己十四五岁的时候：“斯文崔魏徒，以我似班扬。”意思是说崔尚、魏启心这两个颇有些名气的文人，称颂他的才华可比班固、扬雄，可见当时人对少年杜甫的才华还是比较关注与赞赏的。当然，这种关注与赞赏也包含着前辈诗人对文学少年鼓励、勉励的因素，带有表扬的性质。

后来杜甫在洛阳参加科举考试，虽然没有考中，但是得到了当时在文坛享有盛誉的李邕与王翰的赏识。杜甫后来在《奉赠韦左丞丈二十二韵》中说：“李邕求识面，王翰愿卜邻。”这可能是事实，但是也有夸张的成分，因为这首诗是杜甫困居长安时写给当朝权贵韦济的，是一首请求提携的干谒诗，带有一定的自我推荐成分。换句话说，上面的这两个例子，都是杜甫自己在诗中引用别人对自己的评价，这一评价并不能作为当时人对他诗歌创作最真实的评价。

当初杜甫漫游齐赵、困居长安的时候，与李白、高适、王维、储光羲、岑参等当代的几位大诗人都有过或深或浅的交往，但是这些人的作品中，极少有对杜甫诗歌创作做出高度评价的。

一直到了唐代宗宝应元年（762），杜甫五十一岁的时候，有一位叫做任华的文人写了首诗《杂言寄杜拾遗》，给予了杜甫很高的评价：

> 杜拾遗，名甫第二才甚奇。任生与君别，别来已多时，何尝一日不相思。杜拾遗，知不知？昨日有人诵得数篇黄绢词，吾怪异奇特借问，果然称是杜二之所为。势攫虎豹，气腾蛟螭。沧海无风似鼓荡，华岳平地欲奔驰。曹刘俯仰惭大敌，沈谢逡巡称小儿。昔在帝城中，盛名君一个。诸人见所作，无不心胆破。郎官丛里作狂歌，丞相阁中常醉卧。前年皇帝归长安，承恩阔步青云端。积翠扈游花匼匝，披香寓直月团栾。英才特达承天眷，公卿无不相钦羡。只缘汲黯好直言，遂使安仁却为掾。……

任华认为杜甫的诗堪称奇作，诗歌的气势如龙腾虎跃，境界又如沧海一般开阔。在这样的佳作面前，古时的才子们也会惭愧地或是如临大敌，或是甘拜下风。当时杜甫在帝京之中，也已负得盛名，在花草丛中或是丞相阁中都能拈笔作出绝世之篇，所作之诗无不让人感到震惊。

唐代宗大历四年（769），杜甫去世的前一年，在衡州、潭州时期，衡阳判官郭受写诗《寄杜员外（员外垂示诗，因作此寄上）》：

“新诗海内流传久，旧德朝中属望劳。”从诗歌创作和人品道德两方面肯定了杜甫，认为他的新诗久在海内流传，他的道德操行也受到了朝中人的敬佩。杜甫的朋友韶州刺史韦迢作《潭州留别杜员外院长》一诗，称杜甫“大名诗独步，小郡海西偏”，对杜甫称颂备至，认为杜甫的诗在海内流传甚广，是独步当代的大诗人。这说明，杜甫的诗歌在当时已经有了一定的知名度。

但是，需要说明的是，任华、郭受、韦迢等人都不算是当时文坛上的大文人，他们的评价虽然在一定程度上能够反映杜甫诗歌在当时的知名度，但是很难代表主流文坛的观点，也并不能给杜甫增加什么影响力。所以杜甫曾经在诗中感慨：“百年歌自苦，未见有知音！”

当时，盛唐的诗人编选当代诗人的诗集，叫做唐人选唐诗，他们会将当朝有名望、有影响的诗人的作品编辑成册，从而反映一个时代诗歌创作的风貌，并为当代人提供诗歌创作范本。但是，从现在所知道的盛唐、中唐文人所编选的诗歌集中，极少或者根本就没有选杜甫的诗歌，而王维、李白等人的诗多被选中。这多少说明杜甫的诗歌在当时人们的心目中还远远没有具备后世那么巨大的影响力，他还没有跻身于一流诗人的行列。

沉郁顿挫　成史为圣

杜甫在生前的名气远远不如李白、王维这样的大诗人，充其量只能算是一个二流的诗人。可是，在杜甫去世之后，特别是中晚唐时，这种情况发生了变化。以元稹、白居易、韩愈、孟郊为代表的一批著名诗人开始极力推崇杜甫，杜甫的地位开始渐渐提升。到了晚唐，杜甫的名气基本上与李白处于平起平坐的地位。这时，一些唐代人编选的诗集中也有了杜诗的身影。出现这种变化的原因是什么呢？从文学的角度可能有这么几点：

从内容上来讲，盛唐时代的诗歌注重歌颂理想；杜甫的诗，特别是他中年以后的大多数诗，是抨击现实，揭露黑暗的。从诗歌风格上来讲，盛唐时期的诗歌注重“清水出芙蓉，天然去雕饰”，也就是一种天然的美、自然的美，即便是怀才不遇的主题，其格调也是高昂、明快、青春、飘逸的；而杜甫的诗则注重用描写的手法刻画细节，其格调相对深沉、低回、浑厚。从创作风气上来讲，盛唐诗人们很重视天才的创造力，重视本色的诗歌，提倡“天生我材必有用，千金散尽还复来”；而杜甫的创作风格则是注重转益多师，主张“语不惊人死不休”，强调通过苦思积累锤炼获得艺术的成功。

尽管从文学史的角度来看，杜甫的诗歌创作已经达到了非常成熟的阶段，代表了唐代诗歌审美理想从盛唐向中唐以后的转折。但是，杜甫的诗歌却跟当时的审美趣味、审美理想有点错位，从客观上来讲就形成了这种评价上的错位。我们既不能苛求杜甫去迎合时代，也不能苛求那个时代来迁就杜甫。因此，他的诗风不为当时的人所重视，就可以理解了。

到了晚唐，有人开始称杜甫的诗歌为“诗史”。最早提出“诗史”这个概念的是晚唐孟棨的《本事诗》：“杜逢禄山之难，流离陇蜀，毕陈于诗，推见至隐，殆无遗事，故当时号为‘诗史’。”意思是说，杜甫遭逢安史之乱，在甘肃、四川颠沛流离，将亲身经历之事都写在诗中，而且记录得非常详尽，当时的人称他的诗歌为“诗史”。因为这不仅是杜甫自己颠沛流离的历程，而且是对整个时代的记录。后来北宋的大诗人黄庭坚在诗中说：“千古是非存史笔，百年忠义寄江花。”（《次韵伯氏寄赠盖郎中喜学老杜诗》）可见，诗史这个说法主要是就杜甫诗歌的内容和思想道德境界而言的。

那么，杜甫“诗圣”这个头衔到底是什么时候开始有的呢？就现有文献看，最早将杜甫其人其诗与“圣”相联系的是北宋词人秦观。秦观在《韩愈论》中说：“孟子曰：‘……孔子圣之时者也，孔子之谓集大成。’呜呼，杜氏、韩氏，亦集诗文之大成者欤。”秦观认为杜甫的诗歌就像孔子的学说一样，都是时代的集大成者，他们都可以称之为圣人。这个说法侧重强调杜甫诗歌艺术集大成的特点。北宋、南宋时代，很多文人士大夫开始将杜甫比作周公，甚至将杜诗与《论语》《孟子》并列在一起，认为是儒家的经典。

直到明代，有人直接将杜甫称作“诗圣”。从现有材料来看，明朝文人王稚登应该是第一个直接将杜甫称作“诗圣”的人：“余曷敢言诗，闻诸言诗者，有云供奉之诗仙，拾遗之诗圣。”（《合刻李杜诗集序》）“诗圣”这个称号就跟杜甫的名字直接联系到了一起。此后，明朝著名的文人王嗣奭也在研究杜甫上颇有见地，其《梦杜少陵作》诗云：“青莲号诗仙，我翁号诗圣。”从此之后，将杜甫称为“诗圣”这一说法算是固定下来了。

忧民忠君　大成为圣

中国诗坛群星灿烂，唐宋两代的大诗人比比皆是，诗才可以与杜甫比肩的人也不在少数，为什么单单是杜甫一人获得“诗圣”的尊称？“诗圣”杜甫到底“圣”在哪里呢？

第一，圣在忠君爱国，矢志不渝。在中国封建时代，忠君爱国是一个知识分子最崇高的政治理念，也是最高尚的政治道德。在某种程度上，忠君与爱国是统一的。我们在前面说过，杜甫出生在一个奉儒守官的家庭，最高的理想就是立功、立德、立言，杜甫曾经有过一个鲜明的自我表白：

> ……许身一何愚，窃比稷与契。居然成濩落，白首甘契阔。盖棺事则已，此志常觊豁。穷年忧黎元，叹息肠内热。取笑同学翁，浩歌弥激烈。非无江海志，萧洒送日月。生逢尧舜君，

不忍便永诀。当今廊庙具，构厦岂云缺。葵藿倾太阳，物性固莫夺。……(《自京赴奉先县咏怀五百字》)

杜甫说我对自己有个不合时宜的比喻，就是要做像尧舜时代稷、契那样的千古忠臣，这个志向除非到死方才罢休，常常希望能实现自己这一理想。自己还时时刻刻关注着广大人民的生活，在光景不好的年头，常常会担忧老百姓的生活。并非自己不懂得浪迹江湖的潇洒，去享受自由自在的生活，而是因为自己生逢盛世，遇到了如同尧舜一样的明君，当然不忍心放弃这一机会。因为，对于杜甫来讲，忠君爱国的个性如同向日葵随着太阳转动一样，已经成为自己的本性，成为融入自己血肉之中的个性与本能。

安史之乱爆发以后，杜甫先带着家人逃难，从当时的奉先往北跑到了鄜州（今陕西富县）。他一到鄜州，将家中妻子儿女安顿好，紧接着就去投奔刚刚即位的皇帝，结果皇帝没找着，反而被叛军抓了起来，关押在长安，长达一年之久。好不容易逃出长安，前往凤翔投奔皇帝。这些行为果真应了他自己所说的“葵藿倾太阳，物性固莫夺”的本性。

大唐王朝繁荣富庶和平的时候，大家都会说自己是最忠君、最爱国的，但是疾风知劲草，到底是不是真的忠良爱国之士，只有到大动乱的时候才看得出来。当时，唐玄宗已经逃到四川，有的王公大臣也躲了起来，有的为了荣华富贵，干脆投降叛军，助纣为虐，还有一些人明哲保身，躲到山林之中隐居，静观待变。而杜甫只不过是一个区区八品的小官，却在未知家人死活的情况下，执着地寻找着处于战乱中的皇帝。在当时，唐肃宗李亨究竟能不能打败安禄山还很难说，这个皇位能不能坐得稳当、坐到最后也很难说，也就是说，杜甫来见唐肃宗存在很大的政治风险。但是对于杜甫来说，当时的唐肃宗就是正统的大唐王朝，国家虽然破败，可是山河依然在，代表国家的皇帝还在。在杜甫看来，此时投奔皇帝就是投奔国家，支持国家正义的战争，就是反对叛乱与分裂，就是为君主和国家尽忠。

杜甫虽然忠于君王，但是他从来不丧失原则，所以只要皇帝的言行违背了国家的利益，他就要给皇帝提意见，而且丝毫不考虑个人的安危进退。前文所讲杜甫因为皇帝罢免房琯一事，给唐肃宗上书谏诤，结果遭到皇帝的责难与冷遇，就是一个突出的例子。

杜甫的忠君爱国还体现在点滴的生活细节当中。在夔州时，有一个夏天，杜甫吃到一种在长安很流行的消夏食品。他在《槐叶冷淘》诗里边写到这种食品的制作过程：先将槐树的叶子采下来，轧出叶子的汁儿，然后将槐树叶的汁儿与面粉拌在一起，做成凉面，颜色碧绿鲜艳，口感润滑凉爽，食用后令人暑气顿消。杜甫在诗中说自己吃着这样的消夏面食，真想骑上传说中日行万里的神马，携带祛除暑热的屠苏美酒，将这槐叶制成的凉面献给皇帝，倘若皇帝避暑纳凉到很晚的时候，吃上一碗这样的凉面应该是很清爽的吧？

或许在有的人看来，这种忠君未免有点儿迂腐，但是我们却能够从中看出杜甫忠君的赤诚情怀。爱国和忠君对有的人来讲是一时一地的行为，甚至于只是口头挂着的口号，可是，杜甫的这种忠君爱国的行为是一贯的，从他历次为官的经历就能清楚地看到这一点，直到他死去的那天。换句话说，一个人一时一地具有爱国之心不难，难的是在任何时间、任何地点、任何艰难困苦的情况下都矢志不渝地忠君爱国，这就是一种执着坚定的理想信念，这就是神圣的境界。苏轼曾说过："古今诗人众矣，而杜子美为首者，岂非以其流落饥寒，终身不用，而一饭未尝忘君也欤。"（《王定国诗集叙》）这种执着和坚定的信念是杜甫之所以为"诗圣"的一个很重要的原因。

第二，圣在关注国事，洞察时事。杜甫不仅有忠君爱国的情感与理念，还具有敏锐的政治洞察力与鉴别力，这点并非每一个文学家或者诗人都能够具备的。比如在困居长安十年期间，杜甫虽然沉沦下僚，但是对于上层社会的骄奢淫逸，对于政坛的黑暗腐败洞若观火。写于天宝十一载（752）的名篇《兵车行》就是他关注国事、洞察时事的体现：

> 车辚辚，马萧萧，行人弓箭各在腰。爷娘妻子走相送，尘埃不见咸阳桥。牵衣顿足拦道哭，哭声直上干云霄。道旁过者问行人，行人但云点行频。或从十五北防河，便至四十西营田。去时里正与裹头，归来头白还戍边。边亭流血成海水，武皇开边意未已。君不闻汉家山东二百州，千村万落生荆杞。纵有健妇把锄犁，禾生陇亩无东西。况复秦兵耐苦战，被驱不异犬与鸡。长者虽有问，役夫敢伸恨？且如今年冬，未休关西卒。县官急索租，租税从何出？信知生男恶，反是生女好。生女犹得嫁比邻，生男埋没随百草。君不见青海头，古来白骨无人收。新鬼烦冤旧鬼哭，天阴雨湿声啾啾。

这是一首讽世伤时之作，也是杜诗中的名篇。通过战争给人民带来的苦难，批判了唐玄宗穷兵黩武、好大喜功的政策。诗歌从震人心弦的送别图入手，描述了成千上万个家庭妻离子散的悲惨画面，进而指出了社会生产力遭到破坏的严峻现实，刻画了人们遭受摧残的社会心理，这一切都缘于“武皇开边意未已”这一深层原因。全诗把唐王朝穷兵黩武的罪恶揭露得淋漓尽致，表现了诗人怒不可遏的悲愤。作品寓情于叙事之中，将对时事的针砭以叙述的方式表现出来，是诗人冷眼看世界的一种态度，也是诗人的一种审美态度。

这首诗的现实针对性非常强。从唐玄宗开元末年以来，唐朝边境战争的性质就是多层面的，有的属于正义的保家卫国的战争，还有一些是非正义的。尤其是随着唐玄宗年纪越来越大，好大喜功之心越来越重，又被李林甫、杨国忠等居心叵测的奸臣把持权柄，导致边防将领穷兵黩武，恃功邀宠。这首诗直接针对的就是唐朝与南诏战争给百姓带来的痛苦。

南诏是位于唐朝西南角落的一个大部族，分布区域大体包括今天中国云南以及四川、贵州的部分地区，还包括今天缅甸、越南、老挝的一部分地区。南诏早在唐太宗时期就对唐朝称臣，首领被称为南诏王，与唐朝关系一直不错。但是，到了玄宗天宝后期，负责管理西南边境军政事务的剑南节度使鲜于仲通，性格急躁，不善谋划，多疑狡诈，处事不当，导致唐朝与南诏的关系急剧恶化，并主动挑起战争。而且，他的这种行为在杨国忠的庇护下愈演愈烈。

这种非正义的战争在给国内人民带来战乱之苦的同时，也使南诏王在一怒之下投靠了吐蕃。南诏王在国境线上刻石立碑，碑文的大意是：南诏世世代代对大唐称臣，接受大唐的爵位，现虽投靠吐蕃，但后代子孙可以再回归唐朝，到时候就指着这块碑给大唐使者，说明当初之所以背叛唐朝并非心甘情愿，而是出于万般无奈。

后来唐朝大将率兵七万攻打南诏，结果全军覆没，前后几次战役，死伤人数达到二十多万，唐玄宗年老昏聩，被蒙在鼓里。此时，杜甫洞察时事，看透了这场战争的本质：首先，这场战争是非正义的，是错误的。其次，征兵制度有重大隐患，有的士兵长年戍守边防，思乡心切，严重影响士气。再次，穷兵黩武的战争伤害了农业生产，阻碍了经济发展，农业是国家的根本，根本都被动摇了，怎么能够打胜仗？再者，既然已经在长安、洛阳地区征兵了，就要减轻农民负担，但朝廷依然大幅度地征收租税，这又怎么能够使战士在前方安心打仗，怎么能够使百姓拥护军队？

在《兵车行》的最后，杜甫发出了有悖常情的呐喊：“信知生男恶，反是生女好。生女犹得嫁比邻，生男埋没随百草。”封建社会历来重男轻女，但经年累月的战争却已经摧毁了人们习惯的思维方式，他们不再重视男孩儿，因为生男孩子则意味着死于战争之中。这是战争与暴政带给民众反常的心理，千百年之后，仍然令我们触目惊心，为之胆寒！关注时事民生，这也是诗圣的重要内涵。

第三，圣在推己爱人，心忧天下。杜甫曾在《自京赴奉先县咏怀五百字》一诗中说自己是“穷年忧黎元，叹息肠内热”，这并不是虚言空话。杜甫的难能可贵之处在于，他不仅一年到头为老百姓的苦难生活而忧心如焚，而且当自己也身处艰难之际，依然为老百姓考虑前途：“老妻寄异县，十口隔风雪。谁能久不顾，庶往共饥渴。入门闻号咷，幼子饥已卒。吾宁舍一哀，里巷亦呜咽。所愧为人父，无食致夭折。岂知秋未登，贫窭有仓卒。”我将妻子儿女寄放在长安以外的郊县，一家人在风雪中不能相聚，现在急忙往家里赶，虽然饥渴难耐，也希望能够团聚。不料刚刚进门，就听到家人号啕大哭的声音，原来自己的小儿子已经饿死了！就是自己可以勉强抑制住丧子的痛苦，可是邻居的哭声又怎么能够使我这个做父亲的不伤心欲绝呢？杜甫立刻从自己的丧子之痛转入对民众的关心：自己的儿子夭折而死，可是谁又知道在这个丰收的年景里又有多少贫困家庭的孩子被饿死呢？

至此，杜甫的笔锋一转：“生常免租税，名不隶征伐。抚迹犹酸辛，平人固骚屑。默思失业徒，因念远戍卒。忧端齐终南，澒（hòng）洞不可掇。”杜甫家族由于世代为官，所以享有豁免交纳租税与服兵役的权利，尽管这样，自己家庭还是陷入了生存的困境，那些平民百姓又怎么能够不骚动不安呢？由此杜甫又想到那些失去土地与产业的平民，想到那些戍守边疆的士兵，他们的生活又不知沦落到了何种地步！想到这里，杜甫的忧患就如同终南山一样高邈，无边无际。这就是杜甫，家人罹难，却依然牵挂着更为穷苦的人。这难道不能算是圣人吗？

第四，圣在关爱妻儿，不离不弃。杜甫自从开元二十九年（741）三十岁时与小他十多岁的妻子杨氏结婚后，没有再娶过小妾，二人可谓白头偕老。其实唐代人娶妾是非常普遍的，《新唐书》记载唐代著名诗人崔颢“娶妻择有貌者，稍不惬意，即去之，前后数四”，也可以为世人所接受。虽然在当时不娶妾被认为是清廉的表现，可对于杜甫来讲，不娶妾主要在于他对妻子深深的感情。对待子女，他也是一个有责任感的父亲。杜甫有三个儿子，因为饥荒夭折了一个，还有两个女儿。从杜甫的诗文中，我们能够看出他与家人的感情非常深厚，可以这么说，自从娶妻生子之后，在杜甫生活的每一个重要阶段，不管一家人是否团团圆圆在一起，妻子儿女都是杜甫诗文和情感世界当中最重要的部分之一，这份感情也因此而格外动人。

在长安为官时期，他始终放不下对妻子的挂念，如前面提到的《自京赴奉先县咏怀五百字》中写道：“老妻寄异县，十口隔风雪。”

安史之乱起，他在逃往鄜州的过程当中，精心地照顾着自己的妻子儿女：“从此出妻孥，相视涕阑干。众雏烂熳睡，唤起沾盘餐。”（《彭衙行》）

杜甫为追随肃宗前往灵武，不料却被叛军俘获，在安史叛军的营中，杜甫也在深情地思念着自己的妻儿：“今夜鄜州夜，闺中只独看。遥怜小儿女，未解忆长安。”（《月夜》）

两京收复后，杜甫在长安做官，此时他已经许久没有妻子的音讯了，对妻子的思念与担忧一日甚过一日，在《述怀》中他表达了自己的焦急和担心，唯恐失去妻子，留下自己孑然一身：“去年潼关破，妻子隔绝久。……寄书问三川，不知家在否。……自寄一封书，今已十月后。……沉思欢会处，恐作穷独叟。”

在杜甫的笔下，他的妻子也非常善解人意，丈夫漂泊在外，她没有埋怨，只有理解，《客夜》一诗写道：“老妻书数纸，应悉未归情。”

在离开长安前往四川的途中，杜甫表达了对妻子的心疼和深深的歉疚：“往来杂坐卧，人马同疲劳。……叹息谓妻子，我何随汝曹。”（《飞仙阁》）

在成都，生活清贫之时，妻子并没有丝毫的抱怨，杜甫的诗歌也充满了对妻子的感激："入门依旧四壁空，老妻睹我颜色同。"（《百忧集行》）杜甫与家人之间的感情与关爱是相互的，妻儿时刻关心着疾病缠身的丈夫、父亲："老妻忧坐痹，幼女问头风。"（《遣闷奉呈严公二十韵》）

他们一家人的生活也是和谐而快乐的："老妻画纸为棋局，稚子敲针作钓钩。"（《江村》）看起来，杜甫的夫人很有修养，信手画个棋盘，便可与他对弈；孩子们也充满了童趣，最小的儿子在小桌上敲着绣花针，希望能弯成鱼钩，去钓河里的小鱼。

杜甫还"昼引老妻乘小艇，晴看稚子浴清江"（《进艇》），白天带上夫人乘着一叶小舟在江上游玩，看儿子在江水里边游泳，这种和睦欢乐的家庭生活图景真是其乐融融，也是人生中最大的享受！这其中也渗透着杜甫对妻子儿女深情的爱。

安史之乱结束，唐军取得了最后的胜利，杜甫也不忘记与妻子一起分享胜利的喜悦："却看妻子愁何在，漫卷诗书喜欲狂。"（《闻官军收河南河北》）

杜甫常常在外谋生计，他的妻子则是一个贤内助，在家里照顾儿女，这个情景也被杜甫写到诗里边，他说："世乱怜渠小，家贫仰母慈。"（《遣兴》）

临去世之前，杜甫在湖南避乱，他不忍心让妻子儿女与自己一起吃苦逃难："妻孥复随我，回首共悲叹。"（《逃难》）

杜甫的这些诗歌已经传诵了一千多年，已经成为表达爱情的经典，甚至是中华民族精神的经典，其原因正是平凡中见其伟大，寻常中显其神圣。正如台湾歌手苏芮《牵手》一歌："因为路过你的路，因为苦过你的苦，所以悲伤着你的悲伤，幸福着你的幸福！"

杜甫也特别注意孩子的教育问题，因材施教。宗文、宗武相差三岁左右，宗文的读书天资显然不如宗武，在家政事务方面却有特长，杜甫就常常用生活中的事情来教育宗文，使他受到道德的启示。在《催宗文树鸡栅》一诗中，他对宗文说，将鸡关起来，它就不会去伤害蝼蚁，狐狸、黄鼠狼也伤害不到它，而人与家畜也得以分离，各自保持独立与完整，这就是家务事当中的仁义之道。在《缚鸡行》一诗中杜甫写道："小奴缚鸡向市卖，鸡被缚急相喧争。家中厌鸡食虫蚁，不知鸡卖还遭烹。虫鸡于人何厚薄，吾叱奴人解其缚。鸡虫得失无了时，注目寒江倚山阁。"《易传》云："天地之大德曰生。"儒家的传统是重视生命的，因此，人为地终结自然界中的任何生命都会激起儒者的恻隐之心，杜甫也向孩子传达了这种意识。

杜甫多教导宗武读诗，读《文选》，宗武大概三岁的时候就可以背诵父亲的诗文，十岁所作诗文即得到成人的夸奖，十五岁的时候诗风已经非常成熟。唐人小说有一则记载，宗武以诗拜谒一个官员，这个官员给他一把斧子，宗武感到奇怪，说是不是要我修正父亲的诗文啊？官员说不是，是要你砍掉自己的胳膊，不然，天下诗文的大名又要落在你们杜家了！可惜的是，宗武的诗文竟然没有流传下来。由此可见，杜甫对儿女的教育一方面集中在仁、义、礼、智、信的道德层面，另一方面集中在赋诗作文方面。

第五，圣在集成传统，开辟新风。杜甫"诗圣"的美誉当然不只表现在以上的四个道德层面，在诗歌艺术创作上，更是当仁不让。杜甫存世的诗作有一千四百多首，其创作形成了沉郁顿挫的风格，即语言凝练质朴，感情忧郁苍凉，结构曲折迂回。这使杜甫的诗歌创作在集大成的基础上，又开后世诗歌艺术的新风范。

一、集前代之大成，开辟诗歌艺术新规范。

五言律诗、七言律诗是中国古典诗歌发展到唐朝才出现的一种全新的诗歌艺术形式。换言之，律诗是中国古典诗歌艺术经历了几千年的发展积累之后，再经由唐代诗人的锤炼最终成熟，并从此成为中国古典诗歌最典范、最具有代表性的形式。律诗既是对前代诗歌艺术的集大成，又是对它们的超越与创新，而杜甫则是唐代律诗艺术最高成就的代表。杜甫现存诗一千四百五十八首，其中律诗就有九百一十六首，占据了一大半的比例。试看《登高》一诗：

风急天高猿啸哀，渚清沙白鸟飞回。
无边落木萧萧下，不尽长江滚滚来。
万里悲秋常作客，百年多病独登台。
艰难苦恨繁霜鬓，潦倒新停浊酒杯。

这首诗是杜甫晚年在夔州所作。重阳节时诗人登高抒怀，描绘了深秋时节萧瑟的山川景色，倾诉了长年漂泊、老病孤愁的复杂感情。前四句写登高所见：首联用天、风、沙、渚、猿啸、鸟飞，组成了一幅精美而又丰富的图画，这六种意象由仰望到俯视、从耳闻到目睹、从声音到色彩、从静态到动态写出了夔州秋景的壮阔与悲凉，为全诗渲染了凄切的氛围。颔联气势磅礴，对仗工整，成为千古名句。既写了壮阔无比的景物，又在无形中传达着青春易逝又壮志未酬的无奈，暗含着诗人不可遏制的悲愤。颈联由景入情，抒发长期客居他乡、老年多病的处境和孤独苦闷的心情，既是对个人身世的悲叹，也是对国家处于多事之秋的慨叹。尾联写自己由于生活的艰难已是满头白发，而由于身体不适又不能再以酒消愁，表现出内心无法排遣的愁苦。这首诗境界壮阔苍凉，情感悲愤深沉，对仗工稳天成，典型地体现了杜诗沉郁顿挫的风格。胡应麟在《诗薮》中说："一篇之中句句皆律，一句之中字字皆律，而实一意贯串，一气呵成。"这首诗也被誉为"千古七律第一"。

二、诗歌语言艺术达到炉火纯青，可谓"语不惊人死不休"。

根据统计，我们生活中的许多成语都来自杜甫千锤百炼的诗歌："历历在目"来源于"历历开元事，分明在眼前"（《历历》），"别开生面”来源于“将军下笔开生面”（《丹青引赠曹将军霸》），“明眸皓齿”来源于“明眸皓齿今何在”（《哀江头》），“炙手可热”来源于“炙手可热势绝伦”（《丽人行》），“惨淡经营”来源于“意匠惨淡经营中”（《丹青引赠曹将军霸》），“翻云覆雨”来源于“翻手作云覆手雨”（《贫交行》）……什么样的语言才能够凝练成为成语呢？千锤百炼、炉火纯青，把语言的艺术打造到了极致，才能成为千百年来人人传诵的成语，这就是杜甫语言艺术所达到的高度。

三、杜诗对后世的影响极大。

杜甫的诗对后世的影响很大，历来都有“千家注杜”之说，即有上千个专家去注释杜诗。据我们所知，从宋代到清代各类研究杜甫的著作达到八百多种，从清代到现在约有二三百种。千家注杜，在古典文学的研究史上蔚为壮观。

杜甫一生去过很多地方，各个地方留下的与他有关的历史文化遗迹特别多，连李白也难以比拟。比如四川的成都草堂、夔州草堂，陕西延安、甘肃天水等地也有草堂，有的虽然被损毁了，但由于人们对他的仰慕而被重建；在河南巩县、偃师，湖南平江、耒阳等地都有杜甫的墓地；在后代许多通俗文学中也有杜甫的形象。归根结底，杜甫崇高的人格、集大成并开辟诗歌新规范的贡献、精湛的艺术造诣，使得他成为后代敬仰的“诗圣”。

人们之所以对杜甫有一种特别的深厚的感情，是因为杜甫的所思所想、杜甫的所恨所爱、杜甫的所喜所忧、杜甫的所悲所乐，不仅代表了他所处的那个时代广大老百姓的心声与愿望，也代表了历朝历代士大夫与百姓的心声；还因为杜甫那博大的仁爱精神、执着的政治信念、深广的忧患意识、强烈的社会责任感、坚定的人生态度，正是中华民族几千年民族性格的重要组成部分和光辉写照。诗歌作为中国古代文化中传播最广、影响最大、感染力最强的艺术形式，承载着杜甫平实而伟大的思想，奠定了杜甫在中国文化史与诗歌史上的重要地位。

飘逸诗仙　沉郁诗圣

说杜甫是“诗圣”，就不得不说说“诗仙”李白。对于杜甫诗歌水平的评价，特别是对杜甫与李白孰优孰劣的比较，历来是人们饶有兴趣的一个话题。杜甫与李白，一个是现实主义诗歌的集大成者，一个是浪漫主义诗歌的最佳代表；一个是“诗圣”，一个是“诗仙”；两人又生活在同一时代，有着深厚的友谊。我们应该如何看待他们两人的诗歌创作呢？

他们在世的时候，杜甫的名气比不上李白，但是随着时代的发展，两个人的名气一样大。当然不同的人有不同的喜好趣味，从个人爱好来说。比如宋代大诗人欧阳修就非常喜欢李白，而王安石似乎更偏爱杜甫，苏轼个人虽然更喜欢杜甫，可是他本人的个性气质，包括诗歌艺术风格，倒更加接近李白。但是他的弟弟苏辙则继承了唐朝诗人元稹的做法，在褒奖杜甫的同时贬低李白。

在诗歌评价史上，也一直有“扬李贬杜”之说和“扬杜贬李”之说。一般来讲，凡是褒扬李白的，多半是崇尚他那种自由的人格，自由的精神，天才的艺术创造力；凡是褒扬杜甫的，多半是被他忧国忧民的思想所感染，被他集大成的诗歌艺术成就所吸引。

总之，作为中国古代最伟大的现实主义诗人和浪漫主义诗人，杜甫和李白谁也不能代替对方，各有其长。正如南宋著名诗人严羽在《沧浪诗话》中所说的：“太白有一二妙处，子美不能道；子美有一二妙处，太白不能作。子美不能为太白之飘逸，太白不能为子美之沉郁。”还是韩愈在《调张籍》一诗中说得好：“李杜文章在，光焰万丈长。”“诗仙”李白、“诗圣”杜甫，是中国古典诗坛的双子星座，他们都是中国古代几千年文化发展历程中庄严、神圣、瑰丽的风景。

主要参考书目

[唐] 房玄龄等《晋书》，中华书局 2000 年
[后晋] 刘昫等《旧唐书》，中华书局 1975 年
[宋] 欧阳修、宋祁等《新唐书》，中华书局 1975 年
[宋] 司马光《资治通鉴》，中华书局 1997 年
[清] 仇兆鳌《杜诗详注》，中华书局 1979 年
[清] 钱谦益《钱注杜诗》，上海古籍出版社 1979 年
[清] 杨伦《杜诗镜铨》，上海古籍出版社 1980 年
[清] 刘濬《杜诗集评》，台湾大通书局 1974 年
[清] 汤启祚《杜诗笺》，台湾大通书局 1974 年
李辰冬《杜甫作品系年》，台湾东大图书公司 1977 年
邓绍基《杜诗别解》，中华书局 1987 年
曹慕樊《杜诗杂说》，四川人民出版社 1981 年
叶嘉莹《叶嘉莹说杜甫诗》，中华书局 2008 年
四川省文史研究所《杜甫年谱》，四川人民出版社 1981 年
冯至《杜甫传》，人民文学出版社 1980 年
郭沫若《李白与杜甫》，人民文学出版社 1971 年
陈贻焮《杜甫评传》，上海古籍出版社 1988 年
金启华、胡问涛《杜甫评传》，陕西人民出版社 1984 年
萧涤非《杜甫研究》，齐鲁书社 1980 年
莫砺锋《杜甫评传》，南京大学出版社 1993 年
缪钺《杜甫》，四川人民出版社 1980 年

曾枣庄《杜甫在四川》，四川人民出版社 1980 年
朱东润《杜甫叙论》，人民文学出版社 1981 年

杜甫诗歌选读选评

望岳

岱宗夫如何？齐鲁青未了。
造化钟神秀，阴阳割昏晓。
荡胸生层云，决眦入归鸟。
会当凌绝顶，一览众山小。

【古人点评】

公望岳诗凡三首，此望东岳也。越境连绵，苍峰不断，写岳势只“青未了”三字，胜人千百矣。“钟神秀”，在岳势前推出；“割昏晓”，就岳势上显出。“荡胸”“决眦”，明逗“望”字。末联则以将来之凌眺，剔现在之遥观，是透过一层收也。……杜子心胸气魄，于斯可观。取为压卷，屹然作镇。

——清·浦起龙《读杜心解》

赠李白

秋来相顾尚飘蓬，未就丹砂愧葛洪。
痛饮狂歌空度日，飞扬跋扈为谁雄？

【古人点评】

弱云：是白一生小像。公赠白诗最多，此诗最简，而足以尽之。

——清·杨伦《杜诗镜铨》引蒋弱六语

饮中八仙歌（节选）

李白一斗诗百篇，长安市上酒家眠。
天子呼来不上船，自称臣是酒中仙。

【古人点评】

李因笃曰：无首无尾，章法突兀妙是，叙述不涉议论，而八人身分自见，风雅中司马太史也。

——清·乾隆《唐宋诗醇》

春日忆李白

白也诗无敌，飘然思不群。
清新庾开府，俊逸鲍参军。
渭北春天树，江东日暮云。
何时一樽酒，重与细论文。

【古人点评】

两句对起，却一意直下，杜多用此法。怀人诗必见其所在之地，送人诗必见其所往之地，诗中方有实境移不动。

——清·黄生《唐诗摘钞》

“白也”对“飘然”，妙绝，只如戏笔。“白也”出自《檀弓》。

——清·金圣叹《杜诗解》

兵车行

车辚辚，马萧萧，行人弓箭各在腰。
爷娘妻子走相送，尘埃不见咸阳桥。
牵衣顿足拦道哭，哭声直上干云霄。
道旁过者问行人，行人但云点行频。

或从十五北防河，便至四十西营田。
去时里正与裹头，归来头白还戍边。
边庭流血成海水，武皇开边意未已。
君不闻汉家山东二百州，千村万落生荆杞。
纵有健妇把锄犁，禾生陇亩无东西。
况复秦兵耐苦战，被驱不异犬与鸡。
长者虽有问，役夫敢申恨？
且如今年冬，未休关西卒。
县官急索租，租税从何出？
信知生男恶，反是生女好。
生女犹得嫁比邻，生男埋没随百草。
君不见青海头，古来白骨无人收。
新鬼烦冤旧鬼哭，天阴雨湿声啾啾。

【古人点评】

邵云：是唐诗史，亦古乐府。通篇设为役夫问答之词，乃风人遗格。

——清·杨伦《杜诗镜铨》引邵子湘语

前出塞九首（其六）

挽弓当挽强，用箭当用长。
射人先射马，擒贼先擒王。
杀人亦有限，立国自有疆。
苟能制侵陵，岂在多杀伤。

【古人点评】

似谣似谚，最是乐府妙境。

——清·黄生《杜工部诗说》

自京赴奉先县咏怀五百字（节选）

……

穷年忧黎元，叹息肠内热。
取笑同学翁，浩歌弥激烈。
非无江海志，萧洒送日月。
生逢尧舜君，不忍便永诀。
……
朱门酒肉臭，路有冻死骨。
……
老妻寄异县，十口隔风雪。
谁能久不顾，庶往共饥渴。
入门闻号咷，幼子饥已卒。
吾宁舍一哀，里巷亦呜咽。
所愧为人父，无食致夭折。
岂知秋禾登，贫窭有仓卒。
生常免租税，名不隶征伐。
抚迹犹酸辛，平人固骚屑。
默思失业徒，因念远戍卒。
忧端齐终南，澒洞不可掇。

【古人点评】

少陵在布衣中，慨然有致君尧舜之志，而世无知者，虽同学翁亦颇笑之，故“浩歌弥激烈”，“沉饮聊自遣”也。此与诸葛孔明抱膝长啸无异，读其诗，可以想其胸臆矣。……方幼子饿死之时，尚以常免租税不隶征伐为幸，而思失业徒，念远戍卒，至于“忧端齐终南”，此岂嘲风咏月者哉！

——宋·张戒《岁寒堂诗话》

月夜

今夜鄜州月，闺中只独看。
遥怜小儿女，未解忆长安。
香雾云鬟湿，清辉玉臂寒。
何时倚虚幌，双照泪痕干。

【古人点评】

吴汝纶曰：专从对面着想，笔情敏妙。

——高步瀛《唐宋诗举要》

春望

国破山河在，城春草木深。
感时花溅泪，恨别鸟惊心。
烽火连三月，家书抵万金。
白头搔更短，浑欲不胜簪。

【古人点评】

“烽火连三月，家书抵万金。”极平常语，以境苦情真，遂同于《六经》中语之不可动摇。

——清·吴乔《围炉诗话》

羌村三首（其一）

峥嵘赤云西，日脚下平地。
柴门鸟雀噪，归客千里至。
妻孥怪我在，惊定还拭泪。
世乱遭飘荡，生还偶然遂。
邻人满墙头，感叹亦歔欷。
夜阑更秉烛，相对如梦寐。

【古人点评】

真语流露，不假雕饰，而情文并至。

——清·乾隆《唐宋诗醇》

不再添一语，高绝。

——清·沈德潜《唐诗别裁》

全首珠玑。末句是耶非耶，极佳。

——明·高棅《批点唐诗正声》

石壕吏

暮投石壕村，有吏夜捉人。
老翁逾墙走，老妇出门看。
吏呼一何怒，妇啼一何苦。
听妇前致词：三男邺城戍。
一男附书至，二男新战死。
存者且偷生，死者长已矣。
室中更无人，惟有乳下孙。
有孙母未去，出入无完裙。
老妪力虽衰，请从吏夜归。
急应河阳役，犹得备晨炊。
夜久语声绝，如闻泣幽咽。
天明登前途，独与老翁别。

【古人点评】

语似朴俚，实浑然不可及。风人之体于斯独至，读此诗泣鬼神矣。

——明·高棅《批点唐诗正声》

少陵五古，材力作用，本之汉魏居多。第出手稍钝，苦雕细琢，降为唐音。夫一往而至者，情也；苦摹而出者，意也；

若有若无者，情也；必然必不然者，意也。意死而情活，意迹而情神，意近而情远，意伪而情真。情意之分，古今所由判矣。少陵精矣刻矣，高矣卓矣，然而未齐于古人者，以意胜也。假令以《古诗九首》与少陵作，便是首首皆意。假令以《石壕》诸什与古人作，便是首首皆情。此皆有神往神来，不知而自至之妙。

——明·陆时雍《诗镜总论》

蜀相

丞相祠堂何处寻，锦官城外柏森森。
映阶碧草自春色，隔叶黄鹂空好音。
三顾频烦天下计，两朝开济老臣心。
出师未捷身先死，长使英雄泪满襟。

【古人点评】

邵云：牢壮浑劲，此为七律正宗。自始至终，一生功业心事，只用四语括尽，是如椽之笔。

——清·杨伦《杜诗镜铨》引邵子湘语

江畔独步寻花七绝句（其六）

黄四娘家花满蹊，千朵万朵压枝低。
留连戏蝶时时舞，自在娇莺恰恰啼。

【古人点评】

此二诗在江畔行吟，不问花之有主，无主，逢花便看。黄师塔畔，评量深浅之红；黄四娘家，遍赏万千之朵。少陵诗雄视盛唐，本不以绝句擅名，而绝句不事藻饰，有幅中独步之概。

——清·俞陛云《诗境浅说续编》

春夜喜雨

好雨知时节，当春乃发生。
随风潜入夜，润物细无声。
野径云俱黑，江船火独明。
晓看红湿处，花重锦官城。

【古人点评】

雨细而不骤，才能润物，又不遽停，才见好雨。三、四紧着雨说，五、六略开一步，七、八再绾合。杜咏物诗多如此，后学之圆规方矩也。五、六写雨境妙矣，尤妙能见“喜”意，盖云黑则雨浓可知。六衬五,五衬三,三衬四，加倍写“润物细无声”五字，即是加倍写“喜”字，结语更有风味。

——清·黄生《唐诗摘钞》

茅屋为秋风所破歌

八月秋高风怒号，卷我屋上三重茅。茅飞渡江洒江郊，高者挂罥长林梢，下者飘转沉塘坳。南村群童欺我老无力，忍能对面为盗贼。公然抱茅入竹去，唇焦口燥呼不得。归来倚杖自叹息。俄顷风定云墨色，秋天漠漠向昏黑。布衾多年冷似铁，骄儿恶卧踏里裂。床头屋漏无干处，雨脚如麻未断绝。自经丧乱少睡眠，长夜沾湿何由彻。安得广厦千万间，大庇天下寒士俱欢颜，风雨不动安如山。呜呼！何时眼前突兀见此屋？吾庐独破受冻死亦足。

【古人点评】

子美七言古诗气大力厚，故多局面可观。力厚，澄之使清；力大，東之使峻，斯尽善矣。

——明·陆时雍《唐诗镜》

戏为六绝句（其二）

王杨卢骆当时体，轻薄为文哂未休。
尔曹身与名俱灭，不废江河万古流。

【古人点评】

夫子美诗超今冠古，一人而已，然而其生也，人犹笑之，殁而后人敬之，况其下者乎。子美忿之，故云“尔曹身与名俱灭，不废江河万古流”，“龙文虎脊皆君驭，历块过都见尔曹”也。然子美岂其忿者，戏之而已……

——宋·张戒《岁寒堂诗话》

闻官军收河南河北

剑外忽传收蓟北，初闻涕泪满衣裳。
却看妻子愁何在？漫卷诗书喜欲狂。
白日放歌须纵酒，青春作伴好还乡。
即从巴峡穿巫峡，便下襄阳向洛阳。

【古人点评】

八句诗，其疾如飞。题事只一句，余俱写情。得力全在次句。于神理妙在逼真，于文势妙在反振。三、四，以转作承。第五，仍能缓受。第六，上下引脉。七、八，紧申“还乡”。生平第一首快诗也。

——清·浦起龙《读杜心解》

绝句四首（其三）

两个黄鹂鸣翠柳，一行白鹭上青天。
窗含西岭千秋雪，门泊东吴万里船。

【古人点评】

杜之律，李之绝，皆天授神诣。然杜以律为绝，如“窗含西岭千秋雪，门泊东吴万里船”等句，本七律壮语，而以为绝句，则断锦裂缯类也。李以绝为律，如“十月吴山晓，梅花落敬亭”等句，本五言绝句，而以为律诗，则骈拇枝指类也。

——明·胡应麟《诗薮》

虽非正格，自是绝唱。

——清·乾隆《唐宋诗醇》

旅夜书怀

细草微风岸，危樯独夜舟。
星垂平野阔，月涌大江流。
名岂文章著，官应老病休。
飘飘何所似？天地一沙鸥。

【古人点评】

“山随平野阔，江入大荒流”，太白状语也；杜“星垂平野阔，月涌大江流”，骨力过之。

——明·胡应麟《诗薮》

八阵图

功盖三分国，名成八阵图。
江流石不转，遗恨失吞吴。

【古人点评】

尝闻子美谓仆：“世人多误会吾《八阵图》诗，以为先主武侯欲与关公报仇，故恨不能灭吴，非也。吾意非谓吴蜀唇齿之国，不当相图。晋之能取蜀者，以蜀有吞吴之志，以此为恨也。”

——宋·苏轼《东坡志林》

武侯庙

遗庙丹青落，空山草木长。

犹闻辞后主，不复卧南阳。

【古人点评】

此诗若草草不甚留意，而读之使人凛然，想见孔明风采，比夫李义山“鱼鸟犹疑畏简书，风云常为护储胥”之句，又加一等矣。

——宋·张戒《岁寒堂诗话》

不涉议论，弥淡弥高。

——清·乾隆《唐宋诗醇》

秋兴八首（其一）

玉露凋伤枫树林，巫山巫峡气萧森。

江间波浪兼天涌，塞上风云接地阴。

丛菊两开他日泪，孤舟一系故园心。

寒衣处处催刀尺，白帝城高急暮砧。

【古人点评】

首章，八诗之纲领也。明写“秋”景，虚含“兴”意；实拈“夔府”，暗提“京华”。

——清·浦起龙《读杜心解》

咏怀古迹五首（其三）

群山万壑赴荆门，生长明妃尚有村。

一去紫台连朔漠，独留青冢向黄昏。

画图省识春风面，环佩空归月夜魂。

千载琵琶作胡语，分明怨恨曲中论。

【古人点评】

咏明妃诗多矣，沈归愚推此诗为绝唱，以能包举其生平，而以苍凉激楚出之也。

——清·俞陛云《诗境浅说》

登高

风急天高猿啸哀，渚清沙白鸟飞回。
无边落木萧萧下，不尽长江滚滚来。
万里悲秋常作客，百年多病独登台。
艰难苦恨繁霜鬓，潦倒新停浊酒杯。

【古人点评】

杜“风急天高”一章五十六字，如海底珊瑚，瘦劲难名，沉深莫测，而精光万丈，力量万钧。通章章法、句法、字法，前无昔人，后无来学。微有说者，是杜诗，非唐诗耳。然此诗自当为古今七言律第一，不必为唐人七言律第一也。元人评价此诗云：“一篇之内，句句皆奇，一句之中，字字皆奇。”亦有识者。

——明·胡应麟《诗薮》

登岳阳楼

昔闻洞庭水，今上岳阳楼。
吴楚东南坼，乾坤日夜浮。
亲朋无一字，老病有孤舟。
戎马关山北，凭轩涕泗流。

【古人点评】

洞庭天下壮观，自昔骚人墨客，题之者众矣……皆见称于世。然未若孟浩然“气蒸云梦泽，波动岳阳城”，则洞庭空旷无际，气象雄张，如在目前。至读杜子美诗，则又不然。“吴楚东南坼，乾坤日夜浮”，不知少陵胸中吞几云梦也。

——宋·魏庆之《诗人玉屑》

江南逢李龟年

岐王宅里寻常见，崔九堂前几度闻。

正是江南好风景，落花时节又逢君。

【古人点评】

今昔盛衰之感，言外黯然欲绝。见风韵于行间，寓感慨于字里。即使龙标（王昌龄）、供奉（李白）操笔，亦无以过。

——清·黄生《杜工部诗说》

后记

从2005年年底开始，我在中央电视台十频道“百家讲坛”栏目主讲《诗圣杜甫》。节目播出之后，获得了观众的好评，我自己通过讲座，对杜甫的人生与创作也有了进一步的认识。

原本打算在讲座结束之后，着手整理杜甫这部书稿，但是由于工作、生活的各种原因，加之当时很快要着手准备《苏轼》等讲座，这部书稿就一直耽搁下来了。

这期间，很多热心的观众读者来电来函询问这部书稿的出版时间，中华书局的编辑朋友们也一直“风刀霜剑严相逼”，我虽然个性疏懒，但也终于不敢再怠慢，于是利用教学科研的边角时间，对这部久违的《杜甫》进行了较详细的打磨修改。

修改的基本原则依然是：尊重历史，同时尊重我自己的观点，以及不同的学术观点；用事实说话，同时说出我自己认为正确的话、想说的话。

修改书稿中翻阅、参考了不少学术界的著作，相关书目大都列在书后了，这里不再赘言。

这部书稿能够出版，依然要感谢中央电视台十频道“百家讲坛”栏目。没有“百家讲坛”，我不会想到写这样一部书稿。感谢中央电视台社教中心教育专题部副主任魏淑青女士，她始终给予我真诚的帮助，切实的关心，在这个世风浇薄的年代，这种关心与帮助显得弥足珍贵。

感谢制片人聂丛丛女士，她开朗宽容的个性让我的头脑放松，常常会冒出很多有趣的“点子”来，这些点子对讲座、对书稿都大有益处。感谢总导演高虹先生，编导组王珊女士、孟庆吉先生、郭巧红女士、李伟宏女士。他们出色的工作是讲座获得成功的重要基础。

感谢中华书局总经理李岩先生、副总编辑顾青先生，中华书局大众图书分社社长宋志军先生、编辑娄建勇先生，没有他们的督促与富有专业精神的推进，这部书稿的出版时间可能还会拖下去。

感谢北京师范大学党委书记刘川生教授、校长钟秉林教授，从我开始在“百家讲坛”做讲座，他们就给予了我始终如一的鼓励与支持，这对于一个青年学者而言是非常重要的。

霍师松林先生拨冗为本书欣然题签，在此表示感谢。陈珀如女士对书稿的文字、标题以及相关材料做了不少的润饰与修葺，付出了大量劳动，在此谨致由衷的谢意。

感谢老杜，他让我知道了什么是“文章千古事，得失寸心知”，什么是“随风潜入夜，润物细无声”，当我开始从青年走向中青年的时候，他让我懂得该坚守什么，该放弃什么。

是为记。

康震

2010 年 1 月 15 日

再版后记

这本小书出版已经七年，其间曾加印过几次，得到不少读者的鼓励和肯定，也收到许多宝贵的修改意见，让我获益匪浅。

七年时间，不算长也不算短，足够青年走到中年。人生阅历多了，对世道的看法也就深入了。杜甫被后人誉为“诗圣”，但这个“圣”字来的实在太艰难！就我个人而言，更喜欢杜甫在安闲里的歌吟，我希望他过上好日子，每一首诗都是高兴的。但人生的长河没法倒流，不太幸福的老杜把一生的叹息酿成了诗。从这些诗里，我们品出了苦、品出了涩，也品出了一丝香醇甘甜，日积月累，沉浸其中，难以自拔。老杜和他的诗，就这样印在了我们的心里。

人这一路上，要做成一点事情，真不容易。就好像这本小书，承蒙中华书局错爱，一直催促我修订再版，可就是修订不出来。总是忙东忙西，拖三拖四，直到我今天才写这篇再版后记，实在不应该！似乎总有很多客观原因，但细究起来根子都在主观上。与七年前那种踔厉风发的劲头儿相比，现在的确是疏懒多了，好在总有中华书局的朋友们猛击一掌，不由得警醒起来，方知还远远没有疏懒的资格。于是再点燃一根烟，抖擞精神，继续将“诗圣”的故事讲下去。

感谢中华书局徐俊、顾青两位掌门，以及申作宏、陈虎、傅可、孙永娟等诸位先生、女士，没有他们的鼓励支持与精心付出，这本小书不可能“旧貌换新颜”，很快与读者再次见面。

感谢我的学生周云磊、向飞、余丹，他们帮我认真核校书稿，为一些冗务跑前跑后，付出很多劳动，在此深表感谢！

感谢我的妻子，为我们家付出很多心血。感谢我的儿子，始终阳光健康，并为本书题写书名。有他们，我很骄傲。

书中的小小涂鸦，纯属业余爱好。得益《芥子园画传》及时贤佳作，谨表谢意。

杜甫曾感慨：“人生七十古来稀。”我的父母均已年逾八旬，身体还算康健，这真是我的大福分，愿将这本小书献给我最亲爱的爸爸妈妈，祝你们福寿绵长！

康震

2017 年 8 月 1 日夜